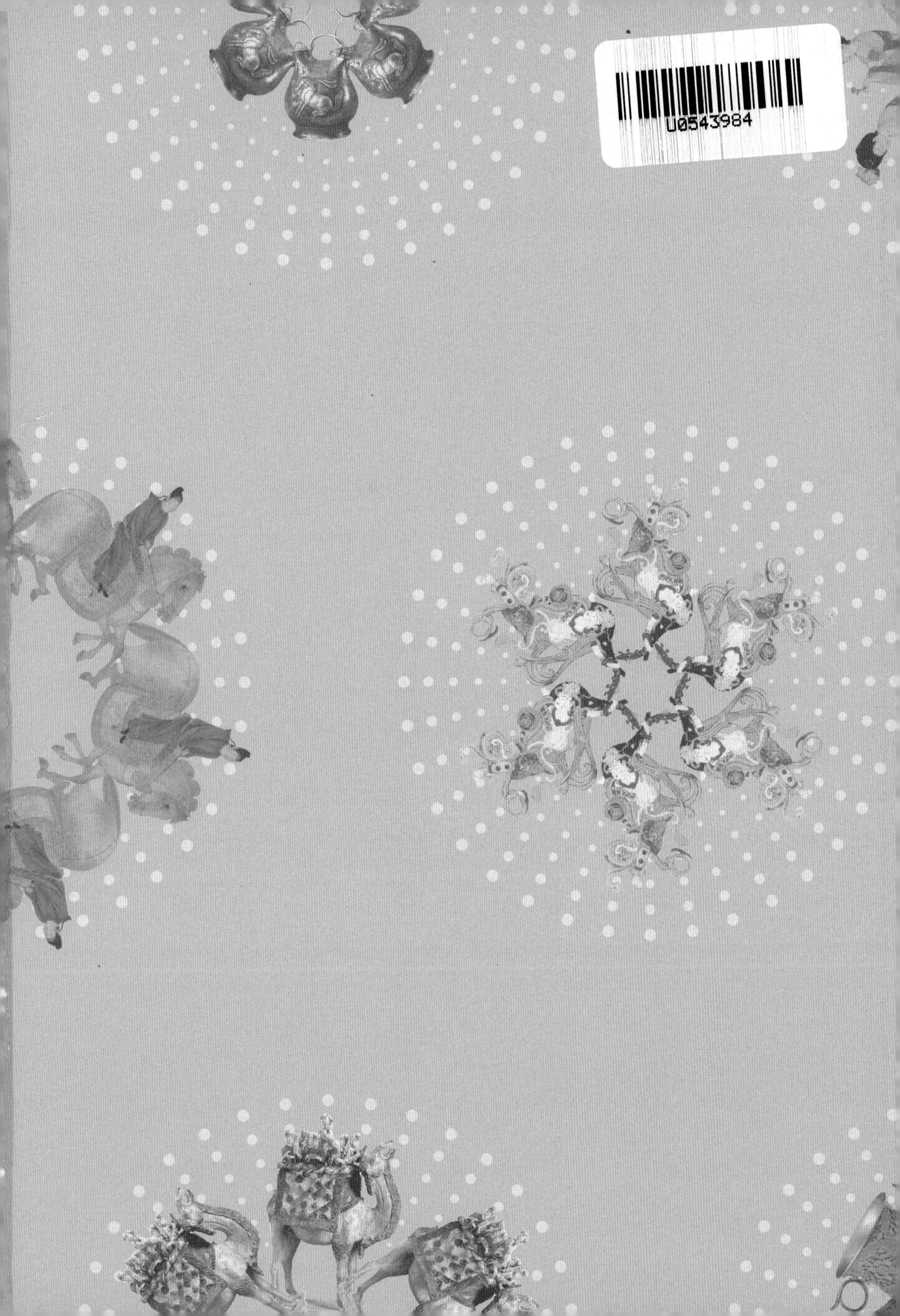

盛唐一日

子 23:00-1:00
丑 1:00-3:00
寅 3:00-5:00
卯 5:00-7:00
辰 7:00-9:00
巳 9:00-11:00
午 11:00-13:00
未 13:00-15:00
申 15:00-17:00
酉 17:00-19:00
戌 19:00-21:00
亥 21:00-23:00

左拾遗 苏勇强 编著

TopBook 饕书客

陕西新华出版传媒集团
陕西人民出版社

图书在版编目（CIP）数据

盛唐一日 / 左拾遗编著. — 西安 : 陕西人民出版社, 2020.12

ISBN 978-7-224-13898-6

Ⅰ. ①盛… Ⅱ. ①左… ②苏… Ⅲ. ①社会生活 – 历史 – 西安 – 唐代 – 通俗读物 Ⅳ. ①K294.11-49

中国版本图书馆 CIP 数据核字 (2020) 第 262973 号

出 品 人： 宋亚萍

总 策 划： 刘景巍

出版统筹： 关 宁　韩 琳

策划编辑： 王 倩　王 凌　张启阳

责任编辑： 晏 藜

书籍设计： 忒色西安·朱天瑞

插　　画： 忒色西安·谢瑞欣

鬠书客

微信扫一扫
关注鬠书客

鬠书客

新浪微博 @ 鬠书客topbook

盛唐一日

编　　著 左拾遗　苏勇强

出版发行 陕西新华出版传媒集团　陕西人民出版社

（西安北大街147号　邮编：710003）

印　　刷 陕西龙山海天艺术印务有限公司

开　　本 787mm × 1092mm　1/16

印　　张 19.375

字　　数 230千字

版　　次 2020年12月　第1版

印　　次 2020年12月　第1次印刷

书　　号 ISBN 978-7-224-13898-6

定　　价 128.00元

如有印装质量问题，请与本社联系调换。电话：029-87205094

盛唐一日目录

表

会最强盛繁荣的朝代。
经历20位皇帝。

)。627年，李世民登基后开创了“贞观之治”。
周，705年周灭后恢复大唐国号。
篡唐，唐朝灭亡，从此中国了进入五代十国时期。

	年号	在位时间	皇陵
	武德	618—626年	唐献陵
	贞观	627—649年	唐昭陵
	永徽 显庆 龙朔 麟德 乾封 总章 咸亨 上元 仪凤 调露 永隆 开耀 永淳 弘道	650—683年	唐乾陵
	嗣圣	684年	唐定陵
	文明	684年	唐桥陵

武后·临朝称制 唐高宗李治皇后 周则天皇帝，中国历史上唯一的女皇帝	光宅 垂拱 永昌 载初	684-690	唐乾陵
武后称帝·改国号为周	天授 如意 长寿 证圣 天册万岁 万岁登基 万岁通天 神功 圣历 久视 大足 长安	690—705	
唐中宗·复国号唐 李治七子，武后三子	神龙 景龙	705—710年	唐定陵
唐睿宗·李旦 李治八子，武后四子，李显同母弟	景云 太极 延和	710—712年	唐桥陵
唐玄宗·李隆基 李旦三子	先天 开元 天宝	712—756年	唐泰陵
唐肃宗·李亨 李隆基三子	至德 乾元 上元 宝应	756—762年	唐建陵
唐代宗·李豫 李亨长子	宝应 广德 永泰 大历	762—779年	唐元陵
唐德宗·李适 李豫长子	建中 兴元 贞元	780—805年	唐崇陵
唐顺宗·李诵 李适长子	永贞	805年	唐丰陵

唐宪宗·李纯 李诵长子	元和	806—820年	唐景陵
唐穆宗·李恒 李纯三子	永新 长庆	820—824年	唐光陵
唐敬宗·李湛 李恒长子	宝历	824—826年	唐庄陵
唐文宗·李昂 李恒次子	宝历 大和 开成	826—840年	唐章陵
唐武宗·李炎 李恒五子	开成 会昌	841—846年	唐端陵
唐宣宗·李忱 李纯十三子	大中	846—859年	唐贞陵
唐懿宗·李漼 李忱长子	大中 咸通	859—873年	唐简陵
唐僖宗·李儇 李漼五子	咸通 乾符 广明 中和 光启 文德	873—888年	唐靖陵
唐昭宗·李晔 李漼七子，李儇之弟	文德 龙纪 大顺 景福 乾宁 光化 天复 天祐	888—904年	唐和陵
唐景宗·李柷 李晔九子，唐朝末代皇帝	天祐	904—907年	唐温陵

盛唐一日 目录

序言

《盛唐一日》以唐长安城一天十二个时辰中的十二个场景为引，展现了生活在长安城中的十二种不同身份的人的生活状态。这恰如大唐版的《清明上河图》，在一日十二个时辰的背景上，各色人等，熙熙攘攘。

“十二”是个神奇的数字。古希腊以“十二”代表“完美”“完整”。源起于巴比伦的占星术，将黄道面分成十二宫，每宫各有一个星座，由是便有了十二个星座，应对十二种不同的命运或运势。而《盛唐一日》的十二时辰中，不同身份、性情、习惯的人们，穿行在大唐的时空中，各有悲欢。

长安十二时辰从子时开始，皇城城楼上，金吾卫翻牌上岗，鸟瞰长安城。此时的朱雀大街，寂静且庄严。卯时，三省六部开始运转。在贵族女性描秀眉、贴花钿的时候，官员们准备上朝了。“绛帻鸡人报晓筹，尚衣方进翠云裘。九天阊阖开宫殿，万国衣冠拜冕旒。日色才临仙掌动，香烟欲傍衮龙浮。”（王维《和贾舍人早朝大明宫》）大明宫中，翔鸾阁与栖凤阁相连，含元殿、宣政殿、紫宸殿，诸多富丽堂皇的宫殿，彰显着盛唐的气势。

辰时，天色大亮，汤饼、胡饼、蒸饼、馄饨、长生粥，朝食的香味氤氲在朝阳里。这是长安城一天中最有烟火气的时刻。巳时，鸿胪寺、四方馆开始接待四方使者，高句丽、新罗、日本各国的留学生也鱼贯而来。阿倍仲麻吕、崔致远就是在这里开始熟悉大唐的典礼朝仪。

午时日中，东市、西市人声鼎沸，各种交易渐入高潮，时有游僧从争执价钱的人群穿过。

午后，十六王宅里的诸王，正在准备打波罗球。来自波斯的“波罗球”是唐代贵族子弟最喜欢的运动之一，皇帝及诸位皇子都沉迷其中，不能自拔。玄宗是一位波罗球高手，当年他还是临淄王时，就曾奉中宗之命，与几位王公组队，迎战骁勇的吐蕃马球队，“东西驱突，风回电激，所向无前”，最后不负众望地赢得了比赛。

《盛唐一日》将大唐的“佛事活动”放在了“未时”。西域传来的佛法，点化了盛唐众生的凡心。大慈恩寺里，阳光从窗棂的缝隙中透入，在经卷上映出点点光斑。青灯、黄卷，缭绕的烟，混合着佛子僧徒的诵经声，让长安的午后别有一种禅意。

申时，日已西斜，长安城大小建筑的落影尽已东向，城中各坊飘出饭香。安业坊以南的唐昌观中，一场茶会正在这里举行。酉时以后，鸟翼归巢，闲适的诗人们彼此唱和，一句精妙的诗，瞬间便可引得长安人大唱其彩。那是一个诗歌的王朝，那种盛境，在唐朝生活过，才有可能体会。

此时，教坊、梨园的女子也开始整理妆容。筵上樽前，歌舞曼妙，觥筹交错，推杯换盏，长安城中有些地方的夜，便是如此放纵恣情。戌时入夜，教坊女子居住的平康坊便成了长安城里最有故事的地方。《开元天宝遗事》中记载：“长安有平康坊者，妓女所居之地，京都侠少，萃集于此。……时人谓此坊为风流薮泽。”这风流薮泽，是才子佳人风月情愫的滋生地，春风得意的孟郊，狡黠多智的李娃，一生凄凉的霍小玉……文人与名妓，曾上演出多少传奇？

《盛唐一日》只描绘了长安城中的一日，当年长安城里的众生，就这样平凡而丰富地度过了一日又一日。千年后的我们，回望那富丽、宏伟的时代，总觉得，长安城中的众生离我们很远，却又仿佛触手可及。他们就是我们，我们就是他们。

温州大学印刷文化研究所 苏勇强

2020 年 12 月 12 日 草写于温州小南门

子时

子时 / 欧阳询

23:00-1:00

第一章
子时，夜半，金吾卫

子时（23:00—1:00），天幕分明已经深沉，但长安城依旧灯火通明，人声鼎沸。市坊间光华流转，映得城中高阁重楼如海市蜃楼。上元是大唐全民狂欢的佳节，但这样的节日，却注定不属于皇城城楼上守卫的金吾卫。

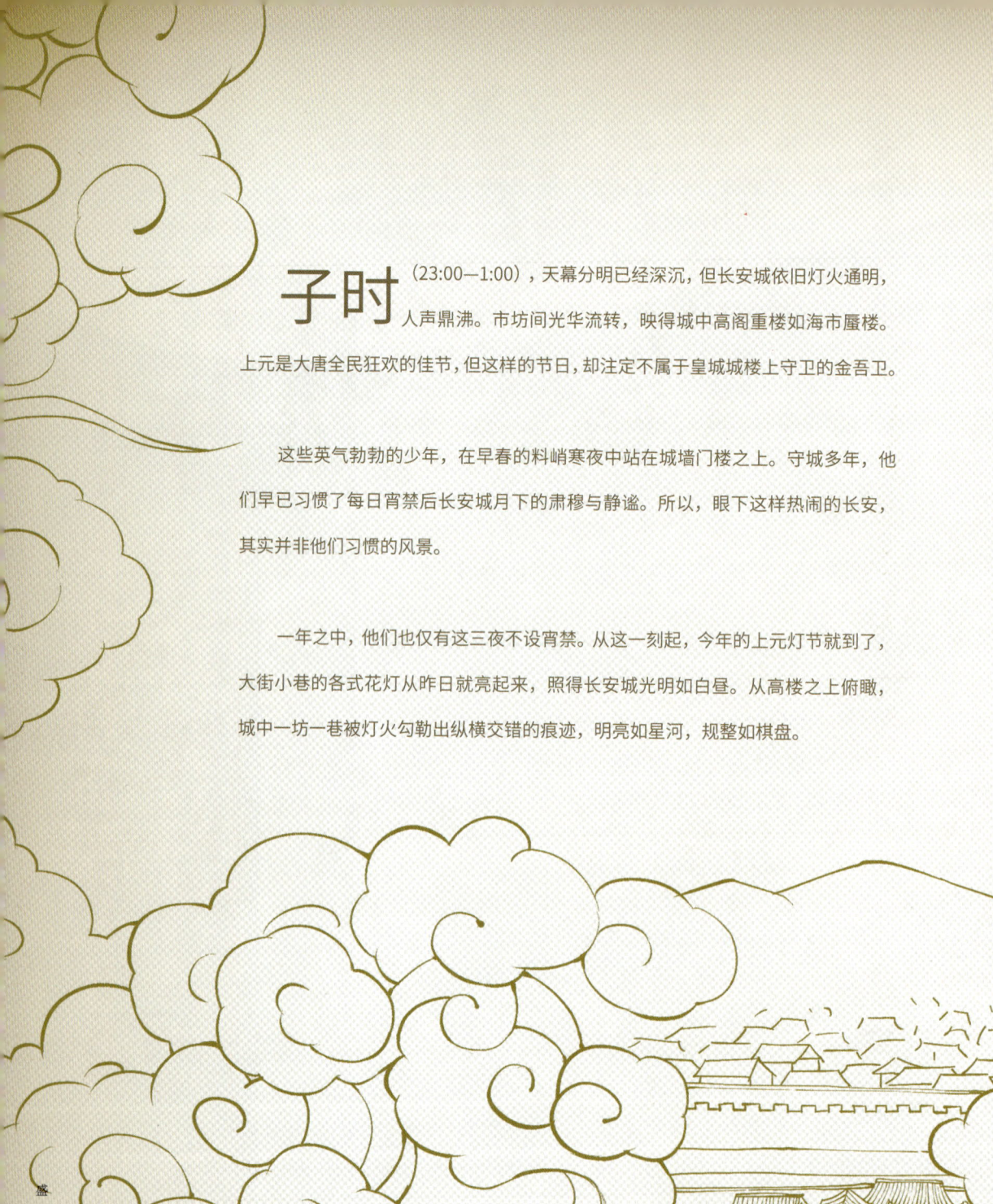

这些英气勃勃的少年，在早春的料峭寒夜中站在城墙门楼之上。守城多年，他们早已习惯了每日宵禁后长安城月下的肃穆与静谧。所以，眼下这样热闹的长安，其实并非他们习惯的风景。

一年之中，他们也仅有这三夜不设宵禁。从这一刻起，今年的上元灯节就到了，大街小巷的各式花灯从昨日就亮起来，照得长安城光明如白昼。从高楼之上俯瞰，城中一坊一巷被灯火勾勒出纵横交错的痕迹，明亮如星河，规整如棋盘。

一路南望，从皇城之外笔直宽阔的朱雀大街，到两侧的东西市，再到丰乐、长兴、靖安、昌明诸坊，盛世王朝的气象尽在其中。

像一盘由无名之手操控的棋局，在这盛世王朝中散发着异样的光影。而这棋盘中参差错落的子，则是千千万万的大唐百姓，和他们真实的生活。

这是大唐，他们在长安。

鸟瞰长安

唐長安城

Khumdan

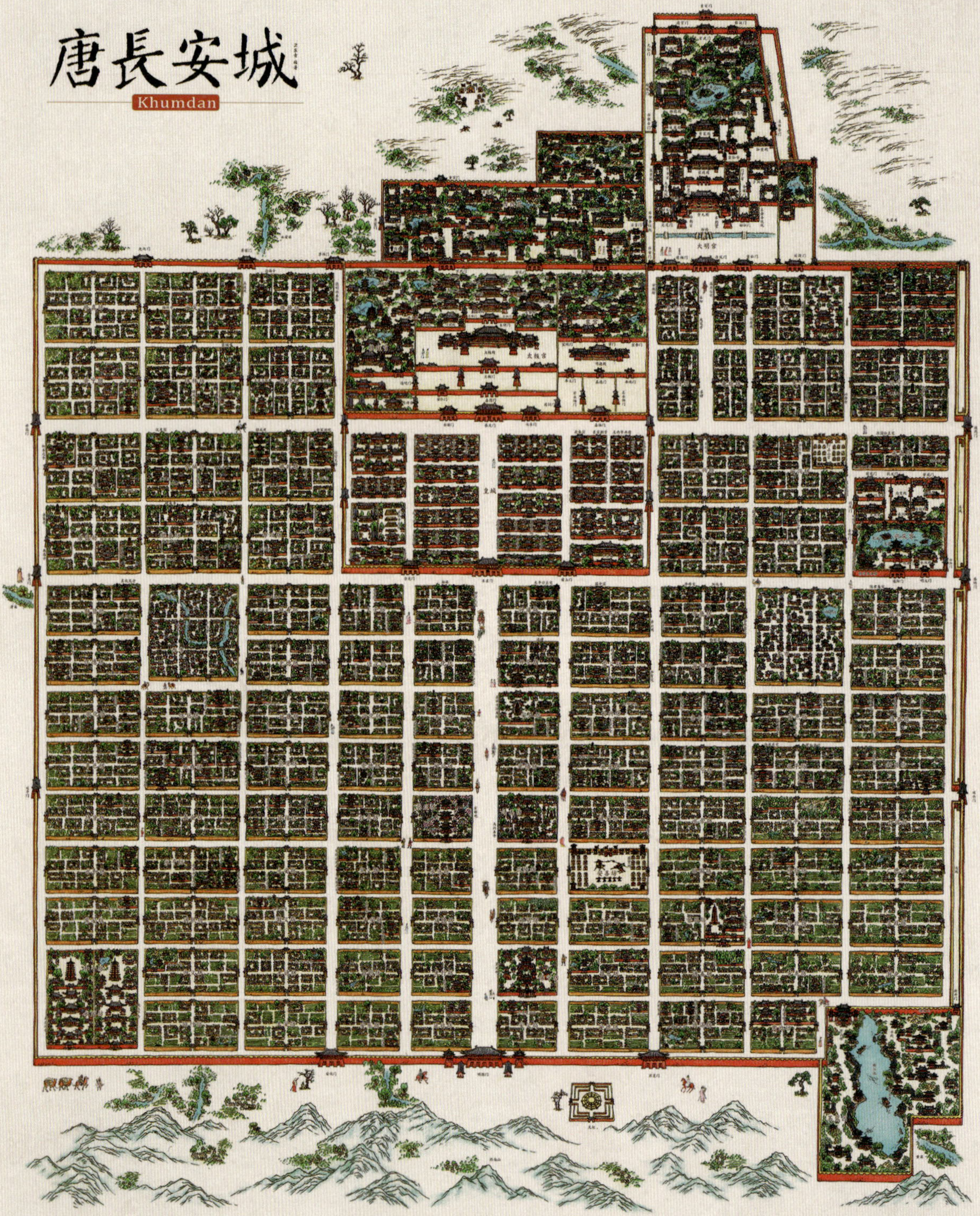

唐长安城

唐长安城是唐王朝的王都，是中国乃至世界历史上最伟大的都城之一。

其名“长安”取“长治久安”之意，寄寓了大唐王朝的恢宏气魄。它坐落在关中平原的平坦开阔处，其遗址位于今西安市及周边的大片地带。唐长安城由宫城、皇城和外郭城三部分组成，城内街巷纵横，里坊林立，百业兴旺，最多时人口超过100万。

唐王朝建立后，对唐长安城进行了多方的补葺与修整，使城市布局更趋合理化，唐长安城也因此成为我国历史上规模最宏伟、建筑最壮丽、布局最为规范的一座城池。

唐城墙

外郭城墙是唐长安城的防御屏障，也是王都外的第一重城。于隋朝初次修建，后来又进行了多次的增筑。唐朝的城墙多为夯土版筑而成，根据考古实测，南北长约8000米，东西长约10000米，呈一个规则的东西横长方形。城墙下还掘有护城的城壕，壕上有桥。城墙四面各开有三座城门，城门上修建有门楼。

108坊

长安城中街衢的布局排列极为整齐，外郭城中有东西和南北向一共25条大街相互交错，将城池分为网格式地段，每个网格就是一个坊里。皇城中也照此形式，有四方12条大街交错。因此，若人登临高地俯瞰整个长安城，就能看到长安城棋局式的整齐布局。唐代大诗人白居易曾非常形象地描绘唐长安城的布局为“百千家似围棋局，十二街如种菜畦”。这种设计布局极具中国特色，中轴线对称，每个网格称作一“坊”，坊与坊之间用高墙隔开，长安城中有108坊，容纳着都城中的近百万民众。

皇城与中央衙署

皇城又称子城，在外郭之中的内城北部，宫城之南，有第二重城墙，是大城之中的小城，同时也有拱卫宫城的作用。与市民居住的坊不同，皇城是唐朝军政机构、中央衙署、东宫官署和宗庙的所在地，是全国封建统治的中枢地区。

左祖右社

隋唐长安城，照《周礼·考工记》中国都“左祖右社”的规制，分别将太庙和社稷坛建在了皇城的东南与西南侧，太庙在左，社稷在右，左右对称。

◎ 隋大兴城遗址

唐都长安的前身，是隋代初期宇文恺主持兴建的大兴城，《元和郡县图志》记载说：“隋氏营都，宇文恺以朱雀街南北有六条高坡，为乾卦之象，故以九二置宫殿，以当帝王之居，九三立百司，以应君子之数，九五贵位，不欲常人居之，故置玄都观及兴善寺以镇之。”意即参照周易象数理论，比照乾符六爻，进行都城总体布局设计。

◎ 西安古城安定门城楼箭楼

唐长安外郭城的范围和位置，在20世纪50年代末60年代初的考古发掘中已被探明。根据《隋书》《唐六典》《长安志》《吕大防图题记》《类编长安志》《长安志图》《唐两京城坊考》诸书中的记载，长安城“东西广十八里一百一十五步，南北长十五里一百七十步，周六十七里，其崇一丈八尺”。唐代的里程，大程是360步为一里，小程300步为一里；大尺12寸，小尺10寸，唐代建筑长安城用大程里和大尺折合计算后，外郭城墙的总长度已经达到36公里左右，这在1300年前，无疑是一件举世无双的宏伟工程。

匠人营国，方九里，旁三门。国中九经九纬，经涂九轨，左祖右社，面朝后市，市朝一夫。

——战国《周礼·考工记》

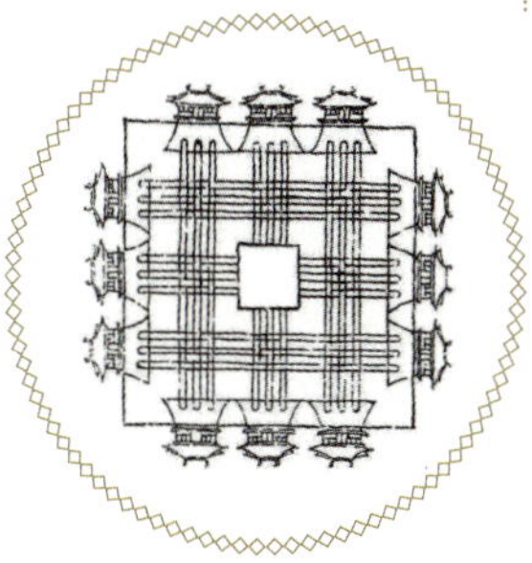

朱雀门

朱雀门曾是唐皇城的正南门，因四象中的朱雀代表南方而得名。

朱雀门北对宫城的承天门，南对郭城的明德门，三门连成的直线就是唐长安城的中轴线。朱雀门与明德门之间，就是著名的朱雀大街。现代考古证明，朱雀门共五个门道，是古代都城城门的最高等级，门上建有高大宏伟的门楼。隋唐时，皇帝常在这里举行庆典活动。

如今的明城墙朱雀门位于永宁门西边，城门内是南广济街，城门外是繁华的朱雀大街。1985 年修整城墙时，发现隋唐朱雀门遗址，遂于遗址西侧重开朱雀门。

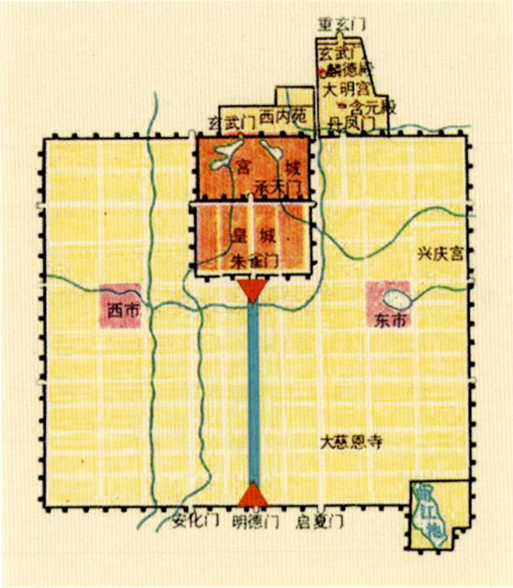

朱雀大街

朱雀大街是西安市的南北向大街，唐朝称为天门街，简称天街，它从唐长安城皇城的朱雀门延伸开去，是长安城的中轴大街，唐朝皇帝往城南祭天所走街道。朱雀大街将唐长安城分为东西两部分，街东归万年县辖，街西归长安县辖。从城南正中的明德门延伸出去，一条笔直的大路直达南山石砭峪。

随着唐帝国的衰亡，朱雀大街同唐长安城一道，渐渐失去了往日的繁华。特别是明朝营建新的西安城之后，南北中轴线向东偏移到现在的南北大街。

早春呈水部张十八员外二首·其一

天街小雨润如酥，草色遥看近却无。
最是一年春好处，绝胜烟柳满皇都。

——唐·韩愈

天街 / 承天门大街

天街为隋唐京师长安城朱雀大街的别称，也有人认为是承天门街的简称。承天门街因其直通封建皇帝居住和处理朝政的太极宫，所以又称为“天街”。韩愈《早春呈水部张十八员外》中著名的诗句“天街小雨润如酥，草色遥看近却无”中的天街指的应就是承天门街。天街宽达 150 ～ 170 米，仅次于长安城承天门横街，至今仍然是世界上最宽的街道之一。

◎ **阙楼图（局部） 唐代 懿德太子墓墓道西壁**

1971 年陕西乾县懿德太子墓出土的文物。此幅《阙楼图》，位于懿德太子墓墓道西壁，高 305 厘米，宽 298 厘米，反映了唐朝王宫阙楼建筑的形象。雕梁朱栏，青砖灰瓦，高脊翘椽，以门阙构图为主体，以一座母阙、两座子阙排成“三出阙”形式，阙楼砖砌台基及雕刻花纹、阙楼的挑檐及斗拱、鸱尾等都描绘得清楚可辨。从残留的长达 80 厘米的线条来看，是用界尺和木枝（或毛笔）起稿绘制出楼阁的造型，后填以重彩。楼阁背景为气势磅礴的山脉，山石层层，草木分布。通过颜色浓淡变化表现山石明暗。线条坚实、犀利，营造出山石的突兀挺拔。在山峦、树木之景的衬托下，更见阙楼气势恢宏。此图为雍容典丽的初唐界画，展现了唐代壁画中罕见的完整、大面幅、高等级的阙楼，是唐代建筑绘画之佳品，亦是唐代阙楼实物的形象资料，十分珍贵。

玄武门

玄武门为大明宫北面中门，位于北城中部略偏西处，西距宫城西北角538米，东距宫城东北角597米。当年李世民就是在此发动兵变，夺取了皇权。也许是汲取了玄武门之变的血淋淋的教训，大明宫玄武门防御系统之复杂森严，远远超出了人们的想象。据考古测量，这里的玄武门只有一道门，门上建有门楼。

含光门

在西安城墙的南城墙上，从西至东共有六座城门，含光门是位于最西侧的一座城门。含光门的历史已有1400多年，最早是隋唐长安城皇城南墙偏西的一处城门。含光门内连接着含光门大街，大街向北直通皇帝所在的宫城。含光门的东北角就是鸿胪寺和鸿胪客馆，鸿胪寺是当时专门负责管理外交、民族事务的机构，鸿胪客馆则建有相当于今天的钓鱼台国宾馆规模的建筑。唐代所有的外事接待活动都要经过含光门大街。

◎ 太极宫玄武门遗址（位于西安铁路职业技术学院校区）

◎ 唐含光门门道遗址（含光门遗址博物馆）

大明宫

大唐帝国的大朝正宫，唐朝的政治中心和国家象征，位于唐京师长安（今西安）北侧的龙首原。始建于唐太宗贞观八年（634），原名永安宫，是唐长安城三座主要宫殿『三大内』（大明宫、太极宫、兴庆宫）中规模最大的一座，称为『东内』。自唐高宗起，先后有17位唐朝皇帝在此处理朝政，历时达200余年。

大明宫是当时全世界最辉煌壮丽的宫殿群，规模宏大、格局完整，被称为『中国宫殿建筑的巅峰之作』。由大明宫开创的宫殿建筑布局方式，奠定了东亚中古及其后的古代宫殿制度，是唐以后中国宫殿建筑之范本，对中国明清故宫及日本和韩国等东亚宫殿建筑产生了重要影响。

兴庆宫

唐长安城三大宫殿群之一，被称为『南内』。兴庆宫是唐玄宗做藩王时期的府邸，唐玄宗登基后大规模扩建，成为长安城『三大内』之一；是唐玄宗开元、天宝时代的中国政治中心所在，也是他与爱妃杨玉环长期居住的地方。天宝十四年（755）『安史之乱』之后，兴庆宫失去了政治活动中心的地位，成为太上皇或太后闲居之所，大多数时间为太后等后宫贵族女性的常驻之地。唐末长安城被毁，兴庆宫也被废弃。今西安市在遗址上修建了兴庆宫公园，同时复建了沉香亭、花萼相辉楼等建筑。

太极宫

太极宫是隋唐长安城宫城之一，与兴庆宫、大明宫统称『三大内』。位于长安城中轴线北部，是都城长安第一处大的宫殿群，内有别殿、亭、观35所。

太极宫始建于隋文帝开皇二年（582），隋称大兴宫，唐睿宗景云元年（710）改称太极宫。因其为唐帝国的正宫，故又称『京大内』，唐高宗时期修大明宫后改称太极宫为『西内』。太极宫之南为皇城，北倚长安北墙，北墙外为西内苑，内苑之北为禁苑（隋大兴苑），东西两侧分别是太子所居住的东宫与掖庭宫。

◎ 兴庆宫现址（位于西安市碑林区和平门外咸宁西路北）

◎ 太极宫遗址（位于现在西安市核心区内）

◎ 大明宫遗址（位于陕西省西安市太华南路）

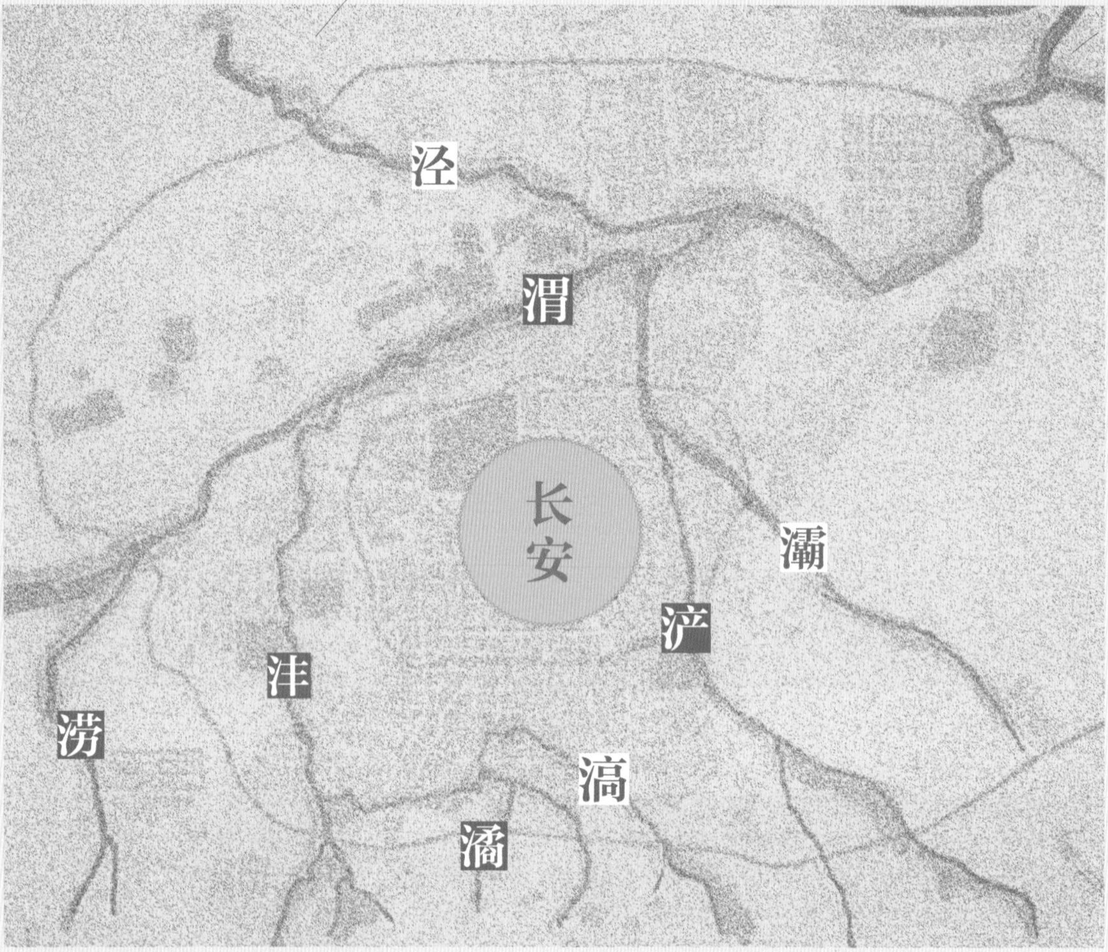

◎ 八水绕长安示意图

灞河 浐河 滈河 潏河 涝河 沣河 泾河 渭河

八水绕长安

唐长安城周边水资源丰富，素有“八水绕长安”之称。

为了解决唐长安城中的生活用水，长安城的建造者们充分利用了周边地形，在建城的同时修凿渠道，引水入城。

长安城中的引水渠道主要有龙首渠、永安渠、清明渠、漕渠、黄渠等。

这些水渠流经全城各处，不仅满足了城中人口的生活用水，还美化了城池环境，使得关中王都有了江南水乡的盛景。

◎ **江帆楼阁图（局部） 唐代 李思训**

绢本设色，中国早期青绿山水画风格特色的代表作品。

李思训 (651 — 716) ，字建晛，一作建景，是唐宗室李孝斌之子。他的山水画是以青绿颜色为主的。所谓“青绿为质，金碧为文”，“阳面涂金，阴面加蓝”，形成“金碧辉映”的豪华富丽的效果。

南
石婆父
露臺祠
走馬嶺
天華宮
紅樓
翠隆亭
符國寺
石甕寺
飛橋
飛閣
三皇墓
金斧山
婆父聖禮
石塔泉
孔雀松
石魚嵒
飛泉
百僚廳
聖母廟
石甕龕
十二賢廟
女冢
石屏嶺
東繡嶺
王母祠
長生殿
芝蘭谷
玉蕊峰
繚牆
李眞人菴
金沙洞

唐都形胜

- 曲江池
- 芙蓉园
- 乐游原
- 昆明池
- 骊山
- 华清宫
- 五陵
- 樊川
- 辋川

曲江二首

唐·杜甫

（一）

一片花飞减却春，风飘万点正愁人。
且看欲尽花经眼，莫厌伤多酒入唇。
江上小堂巢翡翠，花边高冢卧麒麟。
细推物理须行乐，何用浮名绊此身。

（二）

朝回日日典春衣，每日江头尽醉归。
酒债寻常行处有，人生七十古来稀。
穿花蛱蝶深深见，点水蜻蜓款款飞。
传语风光共流转，暂时相赏莫相违。

曲江池

曲江池在长安城的东南隅，是当时唐都周边最有名的风景形胜之一，因“其水曲折，有似广陵之江”而得名。其遗址至今尚存，并被复建为风光秀美的公园，丰富着西安市民的生活。作为早已形成的山河佳境，历代定都于此的王朝统治者对这里都有营建，到玄宗时，对曲江池风貌的建造达到了顶峰。开元年间，曲江池沿岸花柳明秀，宫殿林立，回廊曲折，游人如织，尤其是在每年上巳、重阳等佳节，更是倾城而动，蔚为大观。此外，每届科举考试放榜之后，凡是榜上有名的新科进士都会循例在曲江设宴，席间觥筹交错，曲水流觞，时称“曲江流饮”，是当时长安城和大唐文坛共同的盛事。

芙蓉园

芙蓉园在曲江池的东岸，曾是隋朝的离宫别苑，苑中有池，池中芙蓉丰茂，所以隋文帝将此园命名为芙蓉池。开元年间，唐玄宗又命人在园中修建了紫云楼、彩霞亭等亭台楼宇，山水花木与华宫美室交相辉映，成为盛世王朝的装点。芙蓉园修筑完成后，玄宗经常前来这里游宴，尤其在春花盛放之日，他常常登上紫云楼，俯瞰曲江车水马龙的繁盛景象。每年四月一日的樱桃宴是芙蓉园中的盛会，这一天，玄宗会率领文武百官前来，在紫云楼下大摆宴席，邀请百官同赏新一年最先成熟的水果——樱桃。与具有公园性质的曲江池不同，芙蓉园是皇家御园，当时也称作长安城中的“南苑”，无诏是不能入内的。唐玄宗为了能随时来此而不为人知，命人从城东专门修了一条从兴庆宫通往芙蓉园的夹城。夹城南端的城门名为“新开门”，今天的西安市在其遗址上复建了一道仿古的城门建筑。

长安杂题长句六首·其三

唐·杜牧

雨晴九陌铺江练，岚嫩千峰叠海涛。
南苑草芳眠锦雉，夹城云暖下霓旄。
少年羁络青纹玉，游女花簪紫蒂桃。
江碧柳深人尽醉，一瓢颜巷日空高。

乐游原

后世的许多人了解乐游原，最先是通过唐代诗人李商隐的诗作《乐游原》。

乐游原是长安城东南面的一处高地，汉代曾有乐游苑，因而得名。这里地势高耸，视野极佳，登临原上，远可眺望南山连绵的黛色，近可俯瞰长安城规整的格局。

乐游原也是唐都百姓的游览胜地，尤其每逢上巳、重阳节，都人纷纷乘车骑马，登临乐游原，游冶赏景，抒发怀抱。如今乐游原上留有唐青龙寺遗址。

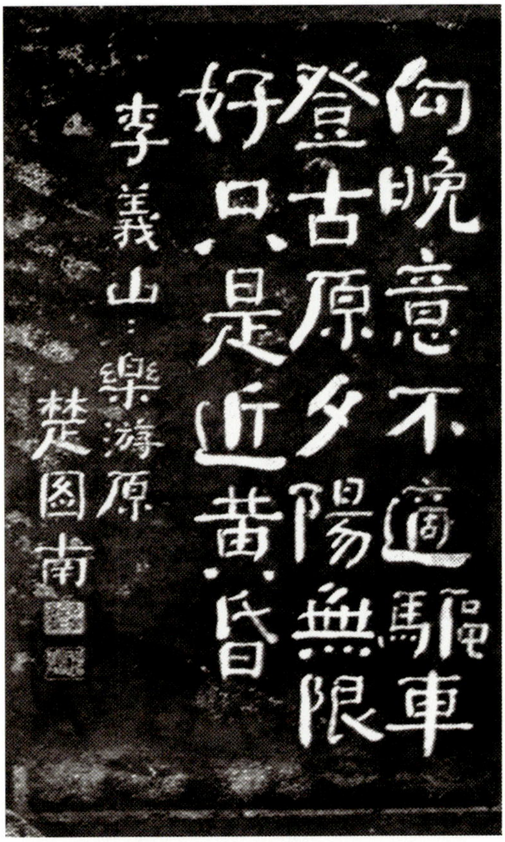

乐游原

唐·李商隐

向晚意不适，驱车登古原。

夕阳无限好，只是近黄昏。

昆明池

昆明池在唐长安城的西南郊，上古时期这里曾有天然池沼，汉代时又加以开凿，使之成为一个烟波浩渺的巨大人工湖。汉朝人将昆明池比作银河，还按照传说，在池东西两岸放置了牛郎织女的石像。唐朝时期，朝廷重新整修昆明池，使之成为一个全民共赏的大公园。唐中宗时期，安乐公主倚仗父皇的偏爱，想要霸占昆明池纳入自己的私家园林，中宗因此举会影响当地百姓生计而不许。公主大怒，竟然自行命人另掘一池，极尽雕琢，累石代表山岳，引水象征河涧，又以金银珠玉装饰，穷天下之壮丽。因要与昆明池比胜，故名为定昆池。

骊山

骊山是秦岭山脉的一个分支，在长安城以东 25 公里，今西安市临潼区。

骊山是秦中一座颇为清幽的山，山形状似骊马，在秦岭群山中不算太高，但其间苍松翠柏蓊郁，使得全山呈现出苍青之色。作为古老的名胜，骊山上留有许多景观遗迹，其中就有当年周幽王烽火戏诸侯的故地。每当夕阳西下，红色霞光渗入碧色苍山，这便是“骊山晚照”的美景，是著名的长安八景之一。

华清宫

华清宫是骊山山麓最重要的宫殿，也是唐朝帝王最常游幸的一处别宫。骊山的山色成全了它的风景，当地绝佳的温泉之水更使它远近闻名。秦汉时期，帝王就开始在附近修筑离宫，便于来此享用美景与汤泉。华清宫建于唐太宗年间，原本名为“温泉宫”。玄宗年间又进行扩建，使之群山环抱，殿宇连绵，老树葱郁，泉雾氤氲，景致达到全盛。因取“温泉毖涌而自浪，华清荡邪而难老”之意，改此离宫名为华清宫。华清宫是玄宗最喜欢的离宫，几乎每年秋冬时都会前来，至春暖方回。宫中有专供玄宗沐浴的九龙池，还有杨贵妃沐浴用的海棠汤，以及少阳汤、尚食汤、宜春汤等，今都留有遗址。

五陵

今天除了清明扫墓之外，人们一般不会将陵园当作休闲游冶之地，但在唐代，却有不少人将周边前代遗留下的陵寝视作抚今追昔的寄托。诗仙李白有诗：“南登杜陵上，北望五陵间。秋水明落日，流光灭远山。”五陵，是指西汉王朝设置在长安城周边的五座帝陵，分别是：

长陵 / 汉高祖刘邦陵

安陵 / 汉惠帝刘盈陵

阳陵 / 汉景帝刘启陵

茂陵 / 汉武帝刘彻陵

平陵 / 汉昭帝刘弗陵陵

当年的汉王朝在五陵所在之地，修筑了五座陵邑，迁入大量权贵豪富，使之成为繁华之地。五陵文化在唐代深入人心，俨然是大唐与大汉这两个强盛王朝相连的纽带。汉唐同为大一统的盛世王朝，在唐人心中，对昔日辉煌的大汉有着不一般的认同与情感，所以，对以五陵为代表的汉朝的追思，就成为唐王朝盛世强音中一缕苍凉的底色。

◎辋川图（局部）

《辋川图》是传为唐朝王维创作的一幅画，现存主要有美国西雅图和日本圣福寺两个摹本。美国西雅图美术馆藏有《临王维辋川图》，西雅图本传为郭忠恕所摹复本，有李珏、冯子振、袁桷诸人跋。有寒云珍藏宋人名迹等印，且有寒云题跋：是卷设色精雅，笔意生动，洵为宋人名迹。得时款已失去，读元人李珏跋，知为郭忠恕复本，当无疑也。此卷全图纵 29.9厘米，横 480.7厘米，绢本，水墨，淡设色。圣福寺本为元摹本，绢本，纵 29.8厘米，横 481.6厘米，旧题商琦临本，构图着色尚有唐人气息。

樊川

樊川，是长安城南一处宽阔的平原，因曾为汉代名将樊哙的封地而得名。它地处终南山、少陵原、神禾原之间，有河流穿过，山明水秀，水草丰茂，也是当时著名的风景形胜。

唐代许多达官贵人在这里建有别墅，比如杜、韦二族，便世代居于此处，两家园池相望，比邻而居。杜甫、岑参、元稹、韩愈等名士都曾在这里居住，并流传下来了许多歌咏樊川风景的名篇。这里还坐落着不少佛门宝刹，如香积寺、华严寺、兴教寺等，统称“樊川八大寺”。这使得樊川这个山清水秀的宜人之地，又多了几许世外的烟云迷离之感。

辋川

辋川地处华胥故里蓝田县，位于终南山中，青山逶迤，幽谷深邃，松林清幽，流水潺湲，因河道在此旋转如辋，故名辋川。人们都说，蓝田是终南山水之冠，而辋川则是蓝田风景之冠。唐朝时从长安城出发，乘船顺流，一日之内即可到达。

唐代著名诗人王维曾隐居于此，依托当地的地形并加营造，修筑起华子岗、竹里馆和鹿柴等 20 处山水园林景观，他在这里过着悠游山水、读书抚琴、静心礼佛的生活，并有《辋川集》与《辋川图》传世。因此，辋川也成为后世人隐逸终南之情的寄托。

丑时 / 颜真卿 字

1:00-3:00

丑時

第二章

丑时，鸡鸣，少府监

丑时（1:00-3:00），长安城满城静寂，唯有北面皇城之中的一处官所，依旧灯火通明。这里是少府监。这样的通宵达旦，在此处已延续了数月。从少府大监，到负责每一道流程的工匠，上上下下几百号人全部废寝忘食，只待这批代表着大唐当前最高工艺水准的金银器最终造成。明日，这批美轮美奂的金银器物就会作为贡品，呈于上元宫夜宴之上。而今夜，便是这批金银器面世前最后的一夜。众人皆小心翼翼，避免在这最后的关口出现差错。

斗室之中，年过半百的少府大监正在做最后的查验，他小心翼翼地捧起一只金筐宝钿团花纹金杯。此杯胎体厚重，杯身为工匠铸造后又锤击而成。器腹之上，由对称的八个如意云朵纹分割成四个单元，每个单元里又装饰有一朵团花。最妙的是每朵团花之上，都巧妙地焊接着由扁金丝构成的花朵。这金丝由锻打的金片剪成，极为精细。金丝勾勒出的杯身纹样突出于器表，极富立体感。少府大监仔细端详着这种种细节，不自觉地露出满意的笑容。他又将金杯举高，细看它最巧夺天工的部分——金丝花朵最前端的外缘，又细密镶嵌着连排的金珠。

这种以掐丝工艺制成的金银器，既有皇家御用之物的华贵，又不乏灵动剔透之美。这就是他们数年乃至毕生所执着的工艺，只有这每一寸优美的弧度，每一处精致的雕镂，每一缕细密的金线，才能配得上这个光明伟大的王朝。

这是大唐，他们在长安。

大唐制造

四监

四监

唐长安城皇城中有“四监”衙署，分别是少府监、将作监、都水监和军器监。这四个机构，管理着整个大唐的手工业、土木水利工程和武器装备等相关事宜，是唐王朝各项工艺作坊的中枢。四监各有专门主管的公共事务，但有时所辖事宜也有重合。唐朝沿用前代的番役制，为百工专立户籍，登记造册，在册的工匠不能随便转业，每年须得为朝廷义务提供 20 天左右的劳役。

《唐六典》中记载，开元时期，少府监曾统辖工匠近 20000 名，将作监曾统辖工匠 15000 余名，都是自全国各地选来的技艺高超的匠人。除了这些

【将作监】

【少府监】

将作监

将作监， 和工部一起专门负责长安城的城建。比如各个宫殿的兴建，如大明宫、兴庆宫、太极宫等，都是由朝廷委派将作监监造完工的。

唐代将作监设长官大监一名、少监两名，全权管理土木工匠之事，下辖左校、右校、中校、甄官等署及百工等监。左校署掌官器具木工与建筑匠人的事宜；右校署掌版筑、涂泥等修缮之事；中校掌管舟车、兵械和诸般杂器；甄官署掌琢石、陶土等；百工掌管木材等材料的采办。各辖署各司其职，维护着整个长安城池的完整和壮丽。

少府监

少府监是唐代掌管官府手工业的最高管理机构。少府监之下主要辖有中尚、左尚、右尚、织染、掌冶五署。中尚署掌管朝廷祭祀等仪典的礼器，皇室贵族的日常服饰、用具、器玩等物品的制造，其中金银器的作坊院就在其中。左尚署下辖皇室车辇等物的作坊。右尚署掌管皇室专用的马具、刀剑、甲胄、文具、茵席等器物，兼领皮毛作坊。织染署则掌管皇帝、太子和群臣的冠冕和组绶的制作，还有绫罗绸缎布的制染，等等。此外，还有专门的铸钱监、互市等机构，也都在少府监管辖的范围内。

番匠之外，官府还会出资聘请有特殊技艺的“明资匠”“巧儿匠”，这些工匠的身份相对比较自由，进行的也都是有偿劳动。还有一些人因大罪而被罚成为官奴和刑徒的人，若留在长安城中，男性便被送入将作监做修筑宫殿楼台的苦力，女性则被送入少府监做缝制衣裳等手工活。这些人也是大唐工匠中很重要的一部分。

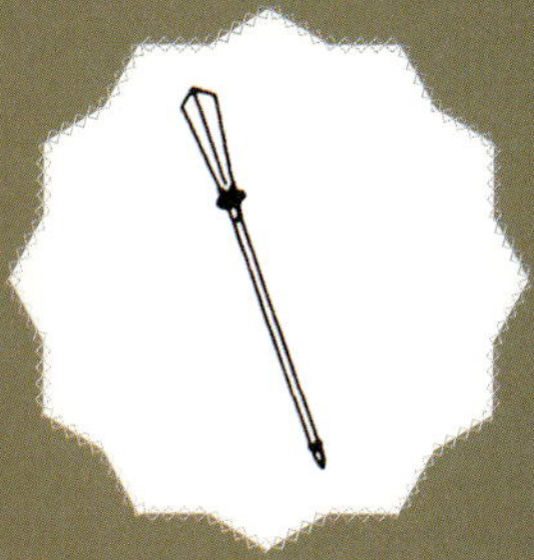

【军器监】

军器监

军事手工业涉及国防与城防，与国家安全息息相关，很受大唐朝廷重视，因此朝廷专门设置了军器监，督造武器装备。对于战甲等军用物资和弓弩等武器，军器监都发布有相应的名称、规制等，同时依照时节妥善保存在武库之中，还有如军器原材料的出入情况、相关工匠的名录，也都由军器监掌管。

◎ 唐代披铠的骑兵和步兵　敦煌文物研究所

◎ 唐玄宗封禅图　年代不详　仙翁庙壁画

【都水监】

都水监

古语有云，八水绕长安。长安城中的人们依水而居，也会不时在住所边进行一些人为的营建，从而改善自己的居住环境。都水监是唐朝朝廷专设的司水机关，负责包括长安城周边在内的全国的水运，也和工部下属的水部郎中一起掌管大大小小的河流湖泊与舟楫等事务。值得一提的是，唐朝的造船业已经非常发达，官办的专业造船厂已经出现。

【掖庭】

掖庭

掖庭宫是唐朝宫女居住之地，也是当时受到牵连的家属妇女配没入宫劳动之处。掖庭中的女官，也常在这里做些缝制衣袍之类的手工活。著名的女官上官婉儿在满门获罪后，幼年时就曾在这里度过。开元年间，有一名兵士在征袍之中，发现了缝制衣袍的宫女写的一首诗：“沙场征戍客，寒苦若为眠。战袍经手作，知落阿谁边。蓄意多添线，含情更著绵。今生已过也，结取后生缘。”后兵士还都，将袍中诗之事传出，玄宗听闻大受感动，命人找到了缝衣写诗的宫女，嫁给了得袍的那名兵士。

袍中诗

沙场征戍客，
寒苦若为眠。
战袍经手作，
知落阿谁边。
蓄意多添线，
含情更著绵。
今生已过也，
结取后生缘。

——唐·开元宫人

◎ **唐宫春晓图卷　五代　周文矩**

作品描绘的是宫中日常生活的场景。此卷为南宋摹本，1947 年左右流出海外。现在分为了三段，分藏于大都会博物馆（名《唐宫春晓图》）、哈佛大学福格博物馆（名《宫中图》）、克里夫兰美术馆（名《仕女图》）。

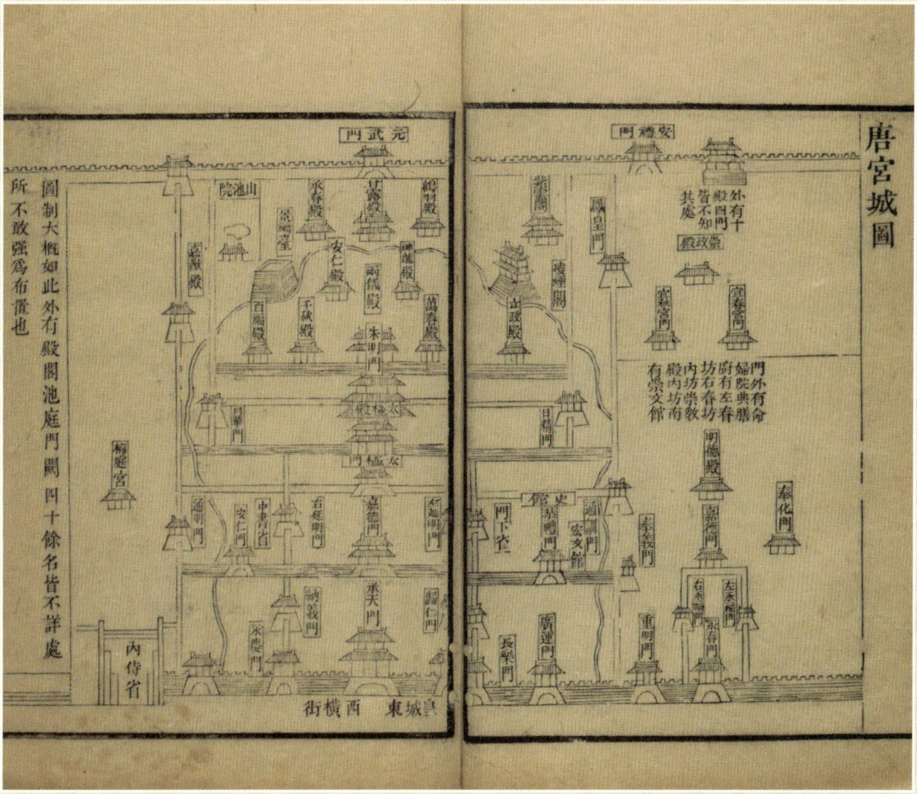

◎《长安志》二十卷　北宋　宋敏求著　清乾隆四十九年刊本（毕沅校）

◎ 三彩骆驼载乐俑 陕西历史博物馆藏

◎ 三彩调鸟俑 陕西历史博物

◎ 三彩马俑 故宫博物院藏 郑振铎先生捐献

◎ 三彩打马球俑 洛阳市

【唐三彩】

◎ 三彩双鱼壶　陕西省西安市长安区南里王村唐墓出土

唐三彩

陶瓷业在大唐的发展已相当可观，其中最具代表性的成就便是唐代三彩釉陶器。唐代以前的陶器多是以单色釉为主，最多也就是两种颜色。而唐三彩上却色彩斑斓，最常见的是以黄、绿、白三色为主，这种从素色到彩色的审美演变，也是受到了唐代广纳百川的多元文化气象的影响。唐三彩的主题丰富，马、仕女、骆驼等，都是其常见形式，唐三彩马是唐三彩中最常见的品种。唐三彩马外形逼真，构造复杂，虽然有统一的模具，却又各不相同，再加上特有的上彩方式，使其具有非凡的艺术表现力。唐三彩的产生也和盛唐时的厚葬之风有紧密的联系，如今我们能见到的唐三彩器物，一般都是作为当时的陪葬品而流传至后世的。

◎ 三彩罐　洛阳博物馆藏

院藏

◎ 三彩灵龟穿带壶　大唐西市博物馆藏

◎ 三彩碗　乾县唐永康公主墓出土

◎ 海兽葡萄纹镜 唐代

◎ 持镜女俑　唐代

铜镜

铜镜是人们居家生活中的必需之物。铜镜自前秦起就产生流行于世，历代的人们在上面精雕细刻，使之在实用性之余，也成为可供把玩的工艺品。到了盛唐，手工业者在铜镜中加入了锡的成分，使其更加光亮照人，成为名副其实的“明镜”。唐朝铜镜上的装饰富丽堂皇，主要纹饰以龙、凤、鸾等瑞兽为主，再点缀上各色花卉图样，在细微中也体现出雍容的盛唐气象。

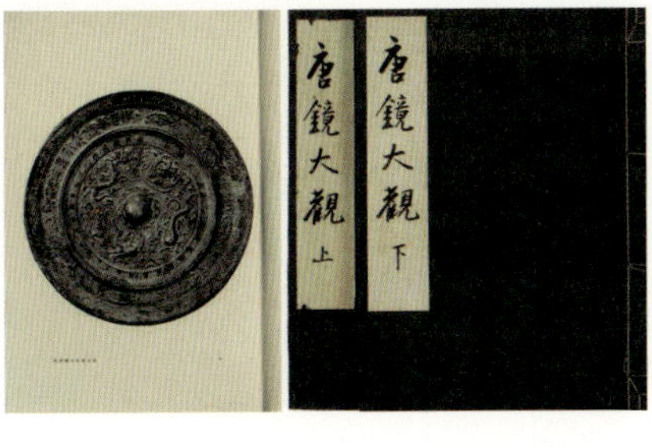

秋浦歌

白发三千丈，
缘愁似个长。
不知明镜里，
何处得秋霜。
——唐·李白

胡床

有一首诗，在中国耳熟能详，几乎是人尽皆知，这就是李白的《静夜思》：

静夜思

床前明月光，
疑是地上霜。
举头望明月，
低头思故乡。
——唐·李白

很少有人会去探究这首诗中的床究竟是什么器物，多是理所当然地将它视作我们生活中最为常见的卧具。但这里面其实存在争议，有人说，这里的床，实际上指的是当时流行的一种坐具——胡床。胡床是一种可以折叠的轻便坐具，形状类似我们今天的小折椅。顾名思义，胡床是由少数民族地区传入中原的，唐代时已成为非常流行的日用品。在之前的朝代里，人们的坐姿多是以跪坐、箕坐和踞坐为主，而唐朝时，垂足而坐则成为主流，因此，唐代人的居家生活中，已经较多使用桌、椅、凳等高挑的家具了。

◎ 簪花仕女图 唐代 周昉 绢本设色 北京故宫博物院藏

赋得福州白竹扇子

金泥小扇谩多情，未胜南工巧织成。
藤缕雪光缠柄滑，篾铺银薄露花轻。
清风坐向罗衫起，明月看从玉手生。
犹赖早时君不弃，每怜初作合欢名。

——唐·张祜

【团扇】

团扇

唐代画家周昉流传在世的画作中，有《簪花仕女图》与《挥扇仕女图》两幅，它们都描摹了唐代贵族妇女的闲适生活，画面当中，也都可以看到一个重要的物象——团扇。扇子只是一件日常小物，却凝聚着当时工艺美术的精华。如今考古发掘出土有唐代团扇实物，长竹柄，绢面，扇面上绘有花鸟图案，与古画中所描绘的别无二致。此外，唐朝还有帝王后妃仪仗专用的羽制大障扇，也很精巧。

◎ 挥扇仕女图　唐代　周昉　绢本设色　北京故宫博物院藏

丝织品

丝织业是唐代最发达的手工业种类之一，织造技术及染色工艺都比前代有了质的飞跃，品种数量也空前丰富。

唐代的丝织品，以绢、绫和锦为代表，质地细密，色泽艳丽，织法先进。近代的考古工作者在古丝绸之路的沿线，发现过许多当年从大唐流往域外的丝织品，当中，我们可以见到以联珠禽兽斜纹纬锦为代表的各类细密织物，还有融红、绿、黄、蓝、青、紫等各色丝线于一体的绚丽彩锦，还有锦上添花、锦上绣图等令人眼花缭乱的高超技法。

绢

绫

锦

缭绫织成费功绩，莫比寻常缯与帛。丝细缫多女手疼，扎扎千声不盈尺。昭阳殿里歌舞人，若见织时应也惜。

——唐·白居易

◎ 天女 唐代 莫高窟第 103 窟

◎ 连珠对鸟纹锦　唐代

◎ 黄底宝花锦　唐代

◎ 中窠双鹿纹锦　唐代

◎ 四骑狮子狩文锦　唐代

《缭绫》

缭绫缭绫何所似？
不似罗绡与纨绮。
应似天台山上明月前，四十五尺瀑布泉。
中有文章又奇绝，地铺白烟花簇雪。
织者何人衣者谁？
越溪寒女汉宫姬。
去年中使宣口敕，天上取样人间织。
织为云外秋雁行，染作江南春水色。
广裁衫袖长制裙，金斗熨波刀剪纹。
异彩奇文相隐映，转侧看花花不定。
昭阳舞人恩正深，春衣一对值千金。
汗沾粉污不再着，曳土踏泥无惜心。

大唐遗宝

- 何家村遗宝
- 葡萄花鸟纹银香囊
- 鎏金舞马衔杯纹仿皮囊银壶
- 镶金兽首玛瑙杯
- 法门寺地宫遗宝
- 佛骨舍利
- 八重宝函
- 双轮十二环金花银锡杖
- 秘色瓷

何家村遗宝

何家村遗宝指的是 1970 年由今西安市（古长安城）碑林区何家村出土的一批唐代金银器，这批器具总计 1000 余件。按类有金银器皿、银铤、银饼、玉器、玛瑙、水晶、琉璃、宝石，等等。这批金银器中，包括有多件国宝级的海内孤品，其造型之精美、工艺之复杂、历史与艺术价值之高，代表着唐代金银器制造业的最高水平，在至今已出土的文物中实属罕见。它们的出现，印证了史书中被一带而过的瑰丽细节，同时成为我们今日得窥大唐当日的强盛富丽的窗口。

金银器皿 · 银铤 · 银饼 · 玉器 · 玛瑙 · 水晶 · 琉璃 · 宝石……

◎ 鸳鸯莲瓣纹金碗

◎ 金筐宝钿团花纹金杯

◎ 葡萄花鸟纹银香囊

葡萄花鸟纹银香囊

葡萄花鸟纹银香囊是何家村遗宝中的一件明星文物，这种香囊不是后来我们常见的布香囊，而是由金银制作而成。其实类似的香囊以前也出现过，但当时被称为“袖珍熏球”。后来法门寺中也出土了两件，同时出土的物品名录上记载了这个香囊。香囊是唐代贵族妇女们日常生活的必备之物，平日里居家生活或出行游玩时都要佩戴，所过之处，香气袭人。何家村出土的香囊再次印证了唐代的香囊确实是金银所制。这也是当年杨贵妃肌肤朽坏然香囊犹在的缘由。这种香囊设计精巧，使用了先进的陀螺仪原理，所以不论外部球体如何转动，中间的香盂总是保持平衡，里面的香料也不至于撒在外边。同样的原理，近代被欧美等国近代发明，并广泛应用于航空、航海领域中。

◎ 鎏金飞廉纹六曲银盘

鎏金舞马衔杯纹仿皮囊银壶

鎏金舞马衔杯纹仿皮囊银壶通高 18.5 厘米，口径 2.3 厘米，做工十分细腻。壶体以白银制成，造型仿照游牧民族储水用的皮囊，顶部有鎏金提梁，提梁前面的壶口上覆盖着鎏金的覆莲纹盖，盖钮上引着一条细银链连在提梁后部。银壶上最具特色的是壶体两侧各有一匹凸起的鎏金马，这两匹马形象生动，造型奇特，前腿站立，，呈现出一个衔杯敬酒的姿态。这个图案印证了唐开元年间“舞马祝寿”的传说的真实性。史籍中记载，每年八月初，唐玄宗生日时，由专人豢养的舞马会披金挂彩，按照“倾杯乐”的节拍，衔着酒杯，给玄宗跳舞祝寿。银壶上鎏金的马体是由锤凸而成，金色的舞马形象凸起于银白的壶体表面，华美而富有立体感。

◎ 鎏金飞狮纹银盒

镶金兽首玛瑙杯

镶金兽首玛瑙杯是如今陕西历史博物馆的镇馆之宝，是迄今所见的唯一一件唐代俏色玉雕。此杯由红玛瑙制成，颜色艳丽而不乏自然的纹路，杯体为角状兽首造型，兽嘴部镶嵌金帽，兽首五官及双角皆雕刻精微，栩栩如生。但奇特的是，这兽首头上有两只弯曲的羚羊角，而面部却似牛，乍看鲜活，实际上却并非现实中存在的动物。但即便如此，从外观上看也并不觉得生硬。如今谁也不再能知晓这件器物外观如此奇特的缘由所在，有学者认为兽首杯在制作之初，可能是想模仿西方的风尚而采用羚羊的造型，但最终却因对题材的生疏，制成之后就成了现在的面目。无论如何，这样一件内涵丰富的器物，因其独特的文化价值与艺术价值而成为稀世之宝。

法门寺地宫遗宝

1987年，人们在陕西宝鸡法门寺中无意间打开了法门寺地宫，这是世界上迄今发现的年代最久远、等级最高、规模最大的佛门地宫。法门寺地宫中出土了唐代迎送佛骨时留下的石碑、佛祖释迦牟尼的真身舍利、七重宝函，还有一批珍贵的唐代金银器、瓷器、香具、丝织品、经卷，等等。

◎ 银金涂钑花菩萨

佛骨舍利

佛骨舍利是指佛陀火化后的遗物，象征着身虽死却神不灭，是佛门传世的圣物。相传当年佛祖释迦牟尼圆寂，遗体火化后共得8万余颗真身舍利，其中19份传入中土，而在当今的法门寺中，就存有一枚世上独一无二的佛祖真身指骨舍利。作为宗教的象征物，佛指骨具有极高的研究价值。除了这枚真身舍利之外，法门寺中还存有三枚仿照佛骨而成的舍利，这是因为历史上曾多次发动过毁佛、灭佛的事件，当时中国的佛舍利大都在这些事件中遭到毁坏。所以为了避免佛指骨真身舍利遭到损毁，僧人另外仿制了三枚佛骨，也就是所谓的“隐骨”。

八重宝函

法门寺中的几枚舍利在出土之前，都盛放在材料贵重、工艺精美的宝函当中，这些宝函代表了唐代金银器加工等工艺的最高水平，是我们今天研究唐代手工业的珍贵文物。第一枚隐骨的八重宝函是迄今发现的制作最精美、层数最多、等级最高的舍利宝函，为唐懿宗所供奉。八重宝函由外至内为：银棱顶黑漆宝函、鎏金四天王顶银函、素面顶银函、鎏金如来坐佛顶银函、六臂观音顶金函、金筐宝钿珍珠装金函、金筐宝钿珍珠装石函和宝珠顶单檐四门金塔，金塔内立有银柱，佛指骨套置在这根银柱之上。

双轮十二环金花银锡杖

锡杖是佛门高僧手持的法器，今天我们所熟悉的《西游记》中的唐僧，在西行路上，手中就长久地拄着这样一根法杖。法门寺地宫一共出土三枚锡杖，以其中一根双轮十二环金花银锡杖最为引人注目。双轮十二环金花银锡杖杖身长约 1.96 米，杖首由垂直相交的两个银丝桃形轮组成，两轮的四面套着雕金花金环 12 枚，轮顶呈仰莲流云束腰双层座，座上镶嵌智慧珠一枚，修长的杖身饰以鎏金纹，一周凸起的仰莲瓣下錾刻 12 个栩栩如生的缘觉僧。这根法杖是目前发现的年代最早、体形最大、等级最高、制作最精美的佛教法器，被誉为“锡杖之王”。

秘色越器

九秋风露越窑开，
夺得千峰翠色来。
好向中宵盛沆瀣，
共嵇中散斗遗杯。

——唐·陆龟蒙

秘色瓷

唐代诗人陆龟蒙在诗作《秘色越器》之中写了这样一句诗：“九秋风露越窑开，夺得千峰翠色来”，里面提到了越窑之中的一种瓷器——秘色瓷。这种瓷器在法门寺地宫未开启之前，真容一直不为世人所知。因为它曾是皇家专用之物，配方与工艺都是秘不外传的，所以后来的人们只能从唐诗的描写中去想象。而法门寺地宫出土的瓷器，因有《地宫宝物帐碑文》佐证，证明了它们就是传说当中的秘色瓷。这些秘色瓷色泽清新莹润，精美非常。法门寺地宫中出土的 13 件秘色瓷，是世界上发现有碑文记载证实的最早、最精美的宫廷瓷器。

寅时

寅时 / 孙过庭 字

3:00-5:00

第三章

寅时，平旦，平章事

寅时（3:00—5:00），长安城上的天幕原本应该黯沉着，但今夕却不同往日，上元节满城的灯火使得城池上方的天空依然显现出淡淡的橙色。于是，皇城的西南一角一处宅邸中彻夜明亮的灯火也就不显眼了。深院之中，早有家童仆妇开始洒扫，上元是大节，府中也会有各式欢庆活动。轻微的声音其实并不会对房中休憩的主人造成什么打扰，但同中书门下平章事习惯性地醒来，哪怕今日大节中朝廷有恩假，百官皆不必上朝。但四十载圣贤书，二十年仕途风雨，他几乎从未有一日晚起。

自中进士后，从县尉做起，一直走到如今可以参知政事，他披衣起身，匆匆梳洗后就来到书房打开案牍，心头压了太多的事，唯有更勤勉谨慎些，才能期待更大的作为。按制，眼看他接下来就要进入六部之中了，虽然还不知道更确切的安排，但只要能干更多的实事，也总算不负他多年苦读耕耘的初衷。

当今天下大治，海晏河清，气象万千，即便是域外之民，也尽能听闻这巍巍王朝的盛名。在这个时代为民、为官，自傲之余，他当然也希望自己的名字能与当下这时代的洪流一起流传下去。

这是大唐，他们在长安。

唐史紀太宗謂裴寂曰比多上書言事者朕都黏於壁上便於朝夕省睹想及利病寐不安寢公輩亦當恪勤職業副朕此意

（解）唐史上記太宗一日向司空裴寂說道近日以來上書奏事者條件甚多朕將所有凡條陳的章奏取其言之當理者都黏在墻壁上庶一出一入常接於目便於朝夕省睹忖

大唐朝廷

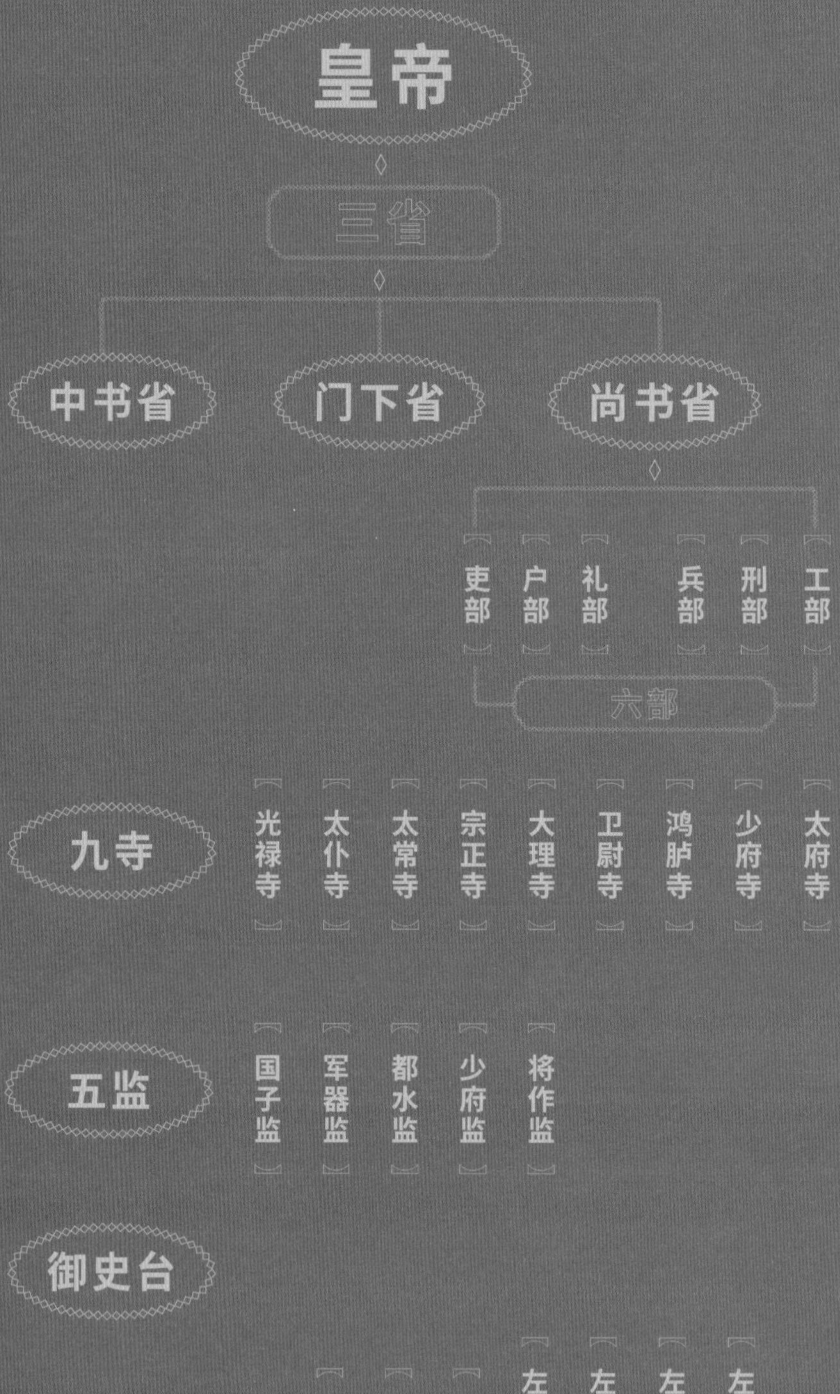
皇帝
三省
中书省
门下省
尚书省
吏部
户部
礼部
兵部
刑部
工部
六部
九寺
光禄寺
太仆寺
太常寺
宗正寺
大理寺
卫尉寺
鸿胪寺
少府寺
太府寺
五监
国子监
军器监
都水监
少府监
将作监
御史台
十六卫
左右卫
左右骁卫
左右武卫
左右威卫
左右领军卫
左右金吾卫
左右监门卫
左右千牛卫

三省六部制是唐王朝的中央行政管理体制。三省指的是中书省、门下省和尚书省，六部为吏部、礼部、户部、兵部、刑部和工部。

从运行机制来看，三省是命令传达部门，六部则是执行机构。三省长官都可称为宰相，在日常办公场所“政事堂”，长官们共同议事，相互制约，做出最高决策，协助皇帝统治全国。这样一来，不仅一定程度上解决了皇权和相权之间的矛盾，也减少了政策失误的概率。三省之外，还设有殿中省、内侍省和秘书省。殿中省负责皇帝生活诸事，下辖尚食、尚药、尚衣、尚舍、尚乘、尚辇六局；内侍省是宫廷的宦官机构，管理宫中事务；秘书省则执掌经籍图书之事，领著作局。

最高行政决策机构

中书省

负责审理、陈奏来自各方的表章奏疏，负责军国大事、重要的官吏任免，并为皇帝起草并宣行诏令。长官为中书令，可参与国家军政要务的决策，领导中书省处理尚书省及其他机关的奏章、公文，并根据皇帝的意志起草诏令及下行文书。

门下省

负责审核中书省起草的诏令和签署章奏，如有不当者，可封驳奏还。同时，门下省也是主要的监察机构，对于皇帝的行为举止进行制约和监督。长官为侍中，根据皇帝的旨意，负责审查各种上行文书，并提出供皇帝裁决的意见。

中书、门下两省职掌分工明确，是最高行政决策机构，行使最高行政决策权。

◎ 三彩文吏俑　唐代　北京故宫博物院藏

最高行政事务管理机构

尚书省

朝廷最高行政事务管理机构，负责执行各项政令，制定出具体的施政方案。凡是中书、门下发出的制敕，必须先到尚书省，由尚书省以政令的形式转发到中央各部门及地方州县。中央其他部门有特别业务，需给地方下达公文，要由尚书省转发。地方州县上奏给中央的章奏文表，也要由尚书省发遣。长官为尚书令，但自唐太宗时起，不再授人以尚书令之职，而是由左、右仆射代领尚书省事。

同中书门下平章事

六部

六部隶属于尚书省，分别为吏部、礼部、户部、刑部、兵部、工部，长官为尚书。吏部掌管官吏选拔、任免、升降、考试等，下属官员有主事、令史、书令史、制书令史、甲库令史等。户部掌管户口、经济、财政等，下属官员有主事、令史、书令史、计史等。礼部掌管礼仪、祭祀、科举、学校、教育等。兵部掌管武官选拔和军事行政。刑部掌管司法行政和审判。工部掌管各项工程建设和后勤。

平章事

凡是军国大事等重要事宜都需要经过三省的审批。为了进一步划分三省职权，除三省长官宰相外，皇帝又指令其他官员参与朝政机密。其本官阶品较低者，则用“同中书门下三品”或“同中书门下平章事”等头衔，权限亦同宰相。此举一方面是为了加强皇权，抑制相权，另一方面也是为了集思广益，提高政府行政能力。在贞观年间，唐太宗给予一些资历比较浅的官员，加以“参知政事”的名号，而对于资格较老的官员，则加以“平章事”或者是“同三品”的名号，让他们继续参与宰相事务。

六部下属各司

吏部：
吏部司 司封司 司勋司
考功司
户部：
户部司 度支司 金部司
仓部司
礼部：
礼部司 祠部司 膳部司
主客司
兵部：
兵部司 职方司 驾部司
库部司
刑部：
刑部司 都官司 比部司
司门司
工部：
工部司 屯田司 虞部司
水部司

中央行政监察机关

御史台

御史台是中央行政监察机关，也是中央司法机关之一，负责纠察、弹劾官员，肃正纲纪。长官御史大夫是掌管封建法制、礼仪、政纪的高级官员。在唐朝，御史大夫地位高，权力大。御史中丞辅助御史大夫实施其职责。

御史台分为三院：台院、殿院、察院，长官分别为侍御史、殿中侍御史和监察御史。开元后，凡重大案件，都要由御史台和刑部、大理寺组成三法司联合审理。大理寺负责审讯人犯、拟定判词，刑部负责复核，同时报御史台监审。

九寺五监

九寺五监是独立的中央职能部门，和尚书省统领的六部基本平级。虽与六部没有隶属关系，但职权与六部重叠较多，所以实际上存在分工且相互制约。六部主管政令，九寺五监分别负责某一方面的具体事务。

太府寺：掌钱谷金帛诸货币

少府寺：掌山泽之事，又掌宫中服饰衣物、宝货珍贵之物

鸿胪寺：掌赞导相礼

卫尉寺：掌门卫屯兵，军器仪仗、帐幕之类事宜

大理寺：掌刑狱案件审理

宗正寺：掌天子宗族事

太常寺：掌宗庙礼仪

太仆寺：掌舆马畜牧之事

光禄寺：专司膳食

国子监：是中央官学，最高学府

军器监：掌造兵器、旗帜、戎帐、什物

都水监：掌河渠、津梁、堤堰等事务

少府监：辖中尚署，掌笺祀圭璧、天子佩饰；左尚署，掌车乘制造；右尚署，掌鞍辔、纸笔等；织染署，掌冠冕、组绶、织纫、染色；掌冶署，掌玉器、金属器制作

将作监：掌土木营造之事

十六卫

高宗时，正式将原十六府定称为十六卫。其中的十二卫为府兵的领导机构，分别为：左右卫、左右骁卫、左右武卫、左右威卫、左右领军卫和左右金吾卫。同时，又在全国范围设置“折冲府”，“十二卫”遥领天下 657 个折冲府，分领诸军府到长安上番宿卫的府兵，居中御外，卫戍京师，是府兵和禁军的合一。另外四卫是左右监门卫和左右千牛卫。左右监门卫掌诸门禁卫，左右千牛卫统率千牛备身等皇帝侍从、仪卫。

因十六卫官署在皇宫之南，所以称“南衙府兵”，与守卫皇宫北门、由招募配充的兵士组成的“北衙禁军”交错宿卫，相互牵制。

◎ 仪卫图（局部） 唐代 章怀太子墓墓道东壁

“贞观之治”

太宗李世民在位 23 年，年号贞观，史称“贞观之治”，是天下大乱之后迎来的治世。贞观年间，太宗抚民以静，使百姓能勠力生产，耕作有时，经济得以迅速复苏，社会秩序趋于安定；选贤任能，广开言路，兼听纳谏，促成各种政治力量的联合，稳固了统治基础；能平等地对待各民族，华戎同轨，爱之如一，不轻易发动战争，对归降的少数民族“全其部落，顺其土俗”，采用相对宽松的政策。贞观四年（630），各少数民族首领上朝尊太宗为“天可汗”。

“贞观之治”为唐朝享国近 300 年打下坚实的基础，被视为太平盛世的典范。记录贞观君臣事迹的《贞观政要》，也成为后世政治家学习理政的教科书，对日本、朝鲜等国产生了巨大的影响。

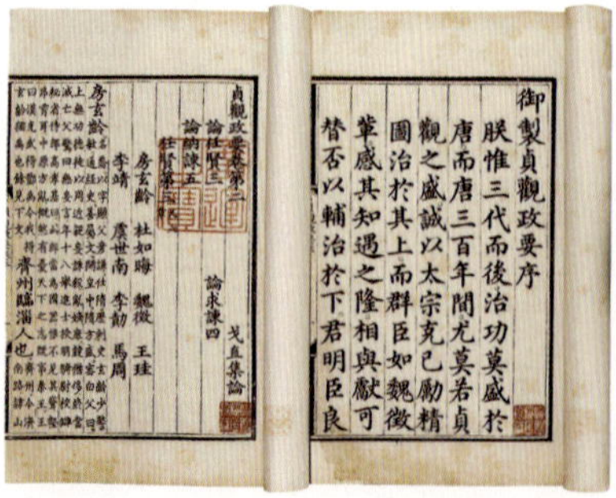
御製貞觀政要序
朕惟三代而後治功莫盛於唐而唐三百年間尤莫若貞觀之盛誠以太宗克己勵精圖治於其上而群臣如魏徵輩感其知遇之隆相與獻可替否以輔治於下君明臣良

貞觀政要卷第二
論任賢三　論求諫四
論納諫五
任賢第三
房玄齡　杜如晦　魏徵　王珪
李靖　虞世南　李勣　馬周
房玄齡……齊州臨淄人也

◎ **《贞观政要》　唐代　吴兢著**

《贞观政要》主要内容记载了唐太宗在位的 23 年中一些政治、经济上的重大措施。

“开元盛世”

“忆昔开元全盛日，小邑犹藏万家室。稻米流脂粟米白，公私仓廪俱丰实。”这首脍炙人口的《忆昔》，描画出杜甫心中唐朝黄金时代的空前盛况，追忆的是始自公元 713 年，由玄宗李隆基开启的“朝清道泰，垂三十年”的皇皇盛世——开元盛世。

盛世之下，唐王朝人口激增，民康物阜，社会空前繁荣；经济发达，商业兴旺，对外贸易和交流十分活跃，中亚、西亚以及日本、新罗等国的使者和商贾来往不绝；文艺昌盛，李白、杜甫、王维、孟浩然等空前绝后的诗人，将整个盛唐装点得异常壮美，音乐、绘画、雕刻、塑造等艺术也无不显耀。彼时的大唐，疆域辽阔，开放包容，边塞安定，声威远达，可以说是世界上最强盛的国家，是人人心驰神往的梦幻之地。

《剑桥中国隋唐史》赞誉道：

“这是一个巩固的时代，一个明智地运用皇
制的时代，尤其是一个没有对外进行劳民伤
险行动的时代。”

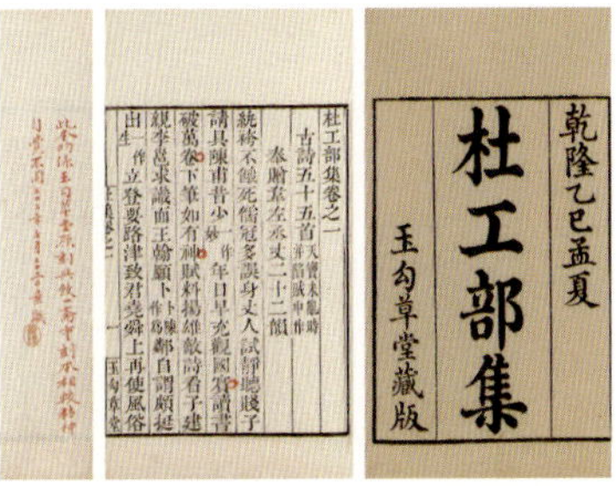

◎ **《忆昔》收录于《杜工部集》**

《杜工部集》共20卷，杜甫撰，清乾隆五十年（1785）郑沄玉勾草堂刻巾箱本。

忆昔

忆昔开元全盛日，
小邑犹藏万家室。
稻米流脂粟米白，
公私仓廪俱丰实。

——唐·杜甫

汉的时代，一个克

才和野心勃勃的冒

◎ **虢国夫人游春图卷　唐代　张萱　辽宁省博物馆藏**

绢本设色，原作已佚，现存的是宋代摹本，因金章宗完颜璟判断失误而题为宋徽宗摹本。纵51.8厘米，横148厘米。这幅画作重人物内心刻画，通过劲细的线描和色调的敷设，浓艳而不失其秀雅，精工而不板滞。全画构图疏密有致，错落自然。人与马的动势舒缓从容，正应游春主题。画家不着背景，只以湿笔点出斑斑草色以突出人物，意境空濛清新。图中用线纤细，圆润秀劲，在劲力中透着妩媚。设色典雅富丽，具装饰意味，格调活泼明快。画面上洋溢着雍容、自信、乐观的盛唐风貌。

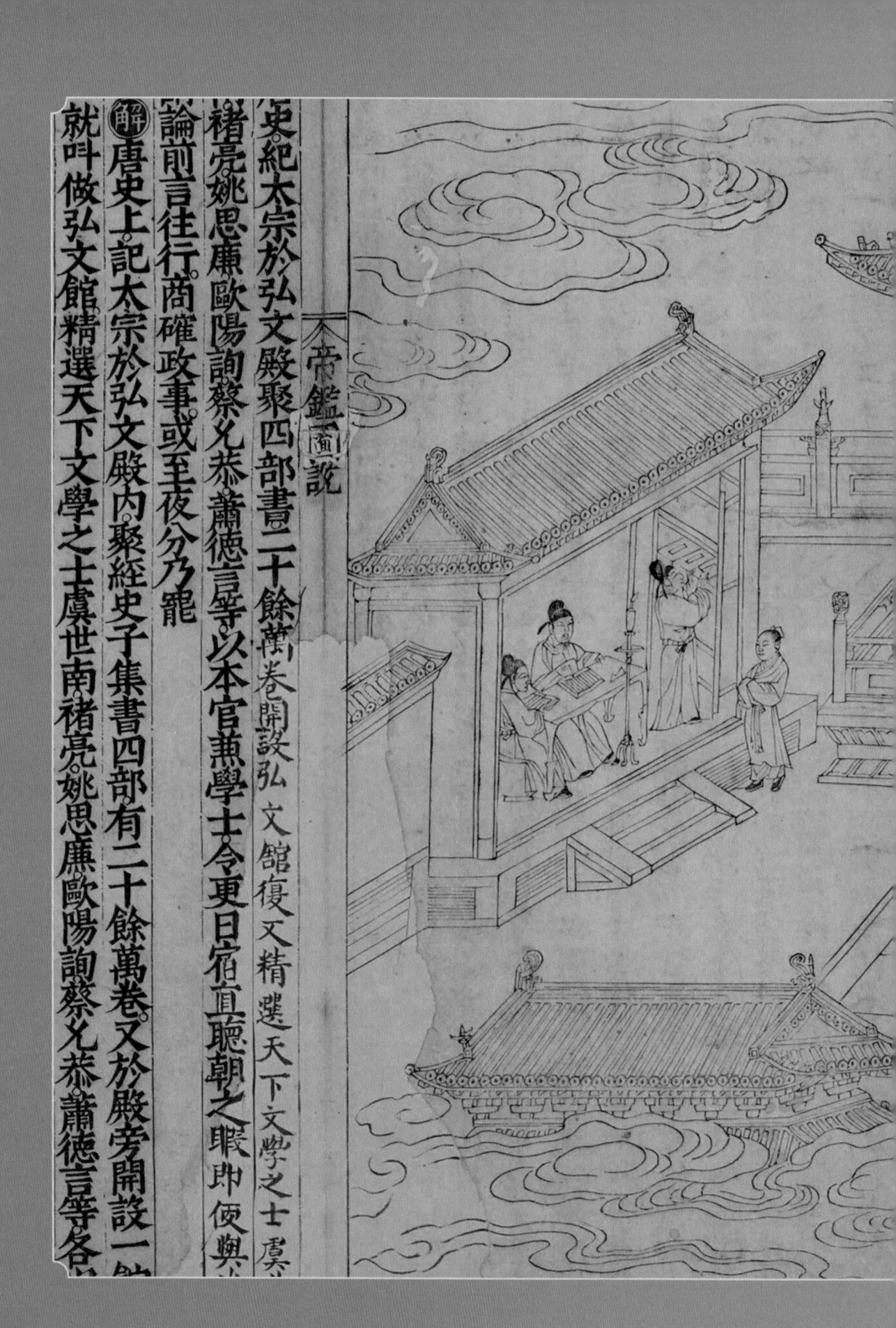

唐史紀太宗於弘文殿聚四部書二十餘萬卷開設弘文館復又精選天下文學之士虞世南褚亮姚思廉歐陽詢蔡允恭蕭德言等以本官兼學士令更日宿直聽朝之暇即便與之討論前言往行商確政事或至夜分乃罷

（解）唐史上記太宗於弘文殿內聚經史子集書四部有二十餘萬卷又於殿旁開設一館就叫做弘文館精選天下文學之士虞世南褚亮姚思廉歐陽詢蔡允恭蕭德言等各以

名君名臣

唐太宗

千百年来，唐太宗一直被尊为中国历史上最伟大的君王之一。

他于隋末随父李渊在太原起事，为唐朝的建国兴邦立下了汗马功劳。之后发动“玄武门政变”，成为唐代第二任君主。

唐太宗即位之后，不仅追求“垂衣天下治，端拱车书同”的文治，更憧憬“指麾八荒定，怀柔万国夷”的赫赫武功。他执政时期，对内虚心纳谏、励精图治、与民休息，使经济复苏，社会安定，人口增长。后世称他统治的这段时期为“贞观之治”，成为后世“好的统治”的代名词，为后来唐朝100多年的盛世奠定了重要基础。唐太宗对外开疆拓土，攻灭东突厥与薛延陀，征服高昌、龟兹、吐谷浑等国，重创高句丽，设立安西四镇，使各民族融洽相处，北方各族尊称他为“天可汗”。

垂衣天下治，端拱车书同。

文治

武功

指麾八荒定，怀柔万国夷。

武则天

贞观二十三年（649），唐太宗驾崩，其九子李治即位，是为高宗。高宗统治时期，作为皇后的武则天逐步登上政治舞台，渐渐执掌朝政。高宗死后，武则天改唐为周，登基称帝，成为中国历史上唯一一位女皇帝。

即位之后，武则天迁都洛阳，加强集权；招贤纳士，选才任能，其用人不计门第，不欺无名，不避仇怨；效法太宗，让群臣各抒己见，博纳群智；奖励农耕；收复安西四镇。她的这些措施有效地维持了社会的安定，让唐帝国各方面在“贞观之治”的基础上继续发展，为后来的“开元盛世”奠定了基础。

尽管政绩卓著，但她在改朝换代前后，为了打击政敌，维护统治，实行“酷吏政治”，使“天下颇多流言异议”。临终前，她留下遗诏：去帝号，称则天大圣皇后，与高宗合葬乾陵。

唐玄宗

唐玄宗李隆基为唐睿宗李旦第三子，武则天之孙。武则天死后，中宗即位，皇后韦氏把持朝政，并与其女安乐公主合谋毒死中宗。时为临淄王的李隆基发动“唐隆政变”，诛杀皇后韦氏与安乐公主及一众党羽，拥立自己的父亲睿宗李旦复位。两年后，睿宗禅位给李隆基。

初登帝位时，玄宗用雷霆手段终结了“后武则天时代”动荡不安的政治局面，清除了太平公主等政敌，巩固了岌岌可危的皇权，继而任贤纳谏，励精图治，鼓励生产，改革弊政，在一批贤相良臣的帮助下，政治清明，国力强盛，百姓富庶，社会稳定，文化繁荣，把大唐王朝推向前所未有的盛世，是为“开元盛世”。

玄宗在位后期，逐渐懈怠朝政，用人不当，加上决策失误，导致了“安史之乱”的爆发，唐朝自此由盛转衰。

魏徵

魏徵，字玄成，据说其家境孤贫，却博览群书，很有文才。他曾两次投身农民军行伍：在李密的瓦岗军里，十次献计，展现了“奇谋深策”。后又在窦建德的起义军里被拜起居舍人。他还两次归于李唐王朝，先充当李建成的幕僚，出谋划策，达五年之久；至“玄武门事变”后，才与唐太宗结交。因为太宗主动求谏，魏徵敢于且善于谏诤，在他们的影响下，贞观年间朝中形成了开明的政治局面。《贞观政要》统计，魏徵向太宗面陈谏议50次，力求使太宗处事避免片面性，树立正确的国家安危观，同时约束太宗的行为和权力。太宗对魏徵的敢谏、善谏不但不憎恶，反而很欣赏。

魏徵辞世后，太宗悲痛不已，亲临恸哭以致哀。他说：“以铜为镜，可以正衣冠；以古为镜，可以知兴替；以人为镜，可以明得失。朕常保此三镜，以防己过。今魏徵殂逝，遂亡一镜矣。”

凌烟阁二十四功臣

在历代帝王中，唐太宗是以其『雄才大略而从谏如流，位及人主而兼听纳下』的开明作风而闻名于世的。为了表示对人才的尊重和礼遇，他命人在凌烟阁画了24位功臣的像。这些人出身很不一样，有官宦世家出身的房玄龄，也有铁匠出身的尉迟敬德和士卒出身的秦叔宝等，但都依功劳进入了凌烟阁。

房玄龄

房玄龄，名乔，字玄龄。出身于官宦之家，自幼诗能文，博览经史，精通儒家经书，18岁时举进士，后授羽骑尉、隰城县尉。

李渊晋阳起兵后，房玄龄投靠秦王李世民，负责理文牍，竭尽心力筹谋军政事务，助其收拢人才，将有谋略、骁勇善战的人安置在秦王幕府中。杜如晦、亮、薛收等都是经他举荐，后位至卿相的。李渊对房龄深加叹赏，对侍臣讲：“这个人深重地了解机宜，能委以重任。每当替秦王陈说事务，一定会先了解对性情心理，即便是相距千里，也好像在对面交流一样。”

武德九年（626），房玄龄助李世民谋划玄武门之，夺得帝位，被赞有“筹谋帷幄，定社稷之功”。世民即位后，其被拜为中书令，封邢国公，负责综朝政，兼修国史、编纂《晋书》。他明达吏事，法宽平，任人唯贤，又除去了隋朝的苛酷刑法，被世推为良相典范。

贞观二十二年（648），房玄龄病逝。李世民废朝日，追赠他为太尉，谥号文昭，陪葬昭陵，后配享太庙廷，与初唐其他23位开国功臣画像一起被奉于“凌阁”。

杜如晦

杜如晦，字克明。隋朝时曾补滏阳县尉，不久即弃官，时人称赞其“有应变之才，当为栋梁之用”。

李渊父子入长安后，杜如晦出任秦王府兵曹参军，跟随李世民平定薛仁杲、刘武周、王世充、窦建德叛乱，“参谋帷幄”“决断如流”，显露出超群的才华，为时人所敬服，居李世民天策府十八学士之首。之后，参与策划玄武门之变，助李世民即位，与房玄龄同居首功，并迁尚书右仆射，封蔡国公，与房同心辅政，负责选拔人才、制定法度。太宗每与房玄龄谋事，遇到两难之事，必说：“非如晦不能决”。房玄龄善于谋划，杜如晦处事果断，两人配合默契，世称“房谋杜断”。

贞观四年（630），杜如晦病逝，时年46岁，追赠司空、莱国公，谥号为成，画像同被奉于凌烟阁。

狄仁杰

狄仁杰，字怀英，生于官宦之家。从童年时代起，就有一种不畏权贵的气质。后来一生宦海浮沉，两度拜相，充分展现出儒家的理想人格——仁、智、勇。

他辗转四方，每到一处，都能心系民生，造福当地百姓，尤其珍爱百姓生命。早年狄仁杰担任宁州刺史时，曾有朝廷御史巡视地方，听到宁州父老“歌刺史德美者盈路”。御史不禁感叹：“入其境，其政可知也。”可见其仁。

身居宰相之位后，辅国安邦，对武则天弊政多所匡正。先后举荐了桓彦范、敬晖、窦怀贞、姚崇等数十位忠贞廉洁、精明干练的官员，他们被武则天委以重任之后，朝中政风为之一变，出现了一种刚正之气。狄仁杰因此被武则天尊称为“国老”。可见其智。

担任刺史时，为了维护百姓利益而不惜与宰相公然反目；做了宰相后，因重大问题屡屡和武则天面折廷争，使武则天总能“屈意从之”。可见为勇。

久视元年（700），71岁的狄仁杰辞世。武则天哀伤感叹：“朕的朝堂空了。”

神探狄仁杰

作为中国历史上大名鼎鼎的清官和神探，狄仁杰的故事千百年来通过公案、话本、戏剧、小说广为流传。20世纪，更因荷兰汉学家高罗佩所创作的《大唐狄公案》而享誉西方，被读者惊呼为『东方的福尔摩斯』。

这并非虚名，历史上的狄仁杰确确实实是一位断案高手。高宗仪凤年间，狄仁杰担任大理丞，『周岁断滞狱一万七千人，无冤诉者』，意思是：一年之内勘断的积压案件所涉及之人犯就达17000人，而且没有一个喊冤的。可见所传非虚。

张柬之

张柬之，字孟将，生于武德末期，少
读太学，后进士及第，授青城县丞。
人生起点很高，但他却是一个典型的
晚成的人。先是在县丞职位上一待就
0 多年，直到永昌元年（689），才以
多岁高龄参加贤良科的会试，从千人中
而出，独占鳌头，被擢为监察御史。
遭贬，70 多岁时在狄仁杰的大力举荐
新回朝。

长安四年（704），姚崇向武则天举
柬之，说道：“张柬之深厚有谋，能
事。”年届八十的他这才入朝为相。
暮年，壮心不已，张柬之始终怀恋着
的李唐王朝。刚一拜相，张柬之就开
划匡复李唐。在很短的时间内，首先
了政变核心力量，再逐步掌握禁军，
策反武后身边宫女，经过一系列周密
，最终发动了神龙政变，逼武则天退
拥太子李显为帝。政变平息后，有功
大臣全部拜相，张柬之被封为天官（吏
尚书。

张九龄

张九龄，字子寿，世称“张曲江”或“文献公”。张九龄少有才名，弱冠中进士，是当时享誉海内的文学大师。其文学创作、人生思考及从容进退的“九龄风度”为盛唐文人确立了审美范式。有“当年唐室无双士，自古南天第一人”的美称。

张九龄历任中书侍郎、同中书门下平章事、中书令，是开元年间有名的贤相。他为政时强调保民育人，反对穷兵黩武；主张省刑罚，薄征徭，扶持农桑；坚持革新吏治，选贤择能，任为地方官吏，这些政令有效地维护了开元盛世。为人则“耿直温雅，风仪甚整”，玄宗非常赏识其清正、肃然的风度，每逢朝中推荐官员，常问“风度能若九龄乎？”还对左右说：“九龄文章，自有唐各公皆弗如也。朕终身师之不得其一二，此人真文场之帅也。”

他有一首《望月怀远》的诗作，情韵隽永，是脍炙人口的名篇。

望月怀远

海上生明月，
天涯共此时。
情人怨遥夜，
竟夕起相思。
灭烛怜光满，
披衣觉露滋。
不堪盈手赠，
还寝梦佳期。

——唐·张九龄

秦琼

秦琼，字叔宝，勇武过人，骁勇善战，仁义忠君，位于开唐凌烟阁二十四功臣之列。因民间戏曲中秦琼卖马、两肋插刀等故事流传后世，更因其门神形象而广为人知。

隋末时，秦琼先后在来护儿、张须陀、裴仁基帐下任职，来护儿赞其勇悍，有志节。后随裴仁基投奔瓦岗军领袖李密，瓦岗败亡，又转投王世充，因见王世充为人奸诈，便同程咬金等人共投李唐，追随李世民征战南北。每从太宗征伐，总能气镇三军，为王前驱，力挫大敌，如果敌军中有骁将锐卒，炫耀人马，李世民就让秦琼前去，常能单枪匹马将敌将斩杀于万众之中，是一员忠勇的悍将。唐立国后，秦琼官至左武卫大将军、翼国公，但因经年征战，浑身是伤，久病缠身，于贞观十二年（638）病逝。死后追赠为徐州都督、胡国公，谥曰“壮”。

薛仁贵

薛仁贵，名礼，字仁贵。为名将后裔，年少时家境贫寒，种田为生。

贞观末年，李世民亲征辽东，招募骁勇的士卒，薛仁贵投军。在辽东战场上，他单枪匹马，取高句丽一将领首级，救出被困的郎将刘君邛，名扬军中。

自此，薛仁贵开启了数十年的征战生涯。大败九姓铁勒时，军中传唱“将军三箭定天山，壮士长歌入汉关。”降伏高句丽后，唐朝共获 5 郡、176 座城，697000 户口，薛仁贵以功授右威卫大将军兼检校安东都护，封平阳郡公，率兵 2 万人留守平壤。69 岁时击破突厥，勇冠三军，名可振敌。

永淳二年（683），薛仁贵去世，年 70 岁。高宗册封他为左骁卫大将军、幽州都督。

李靖

李靖，字药师，世称李卫公。出生于武将世家，仪表魁伟，是隋朝大将韩擒虎的外甥，从小得其传授兵法，而青出于蓝。初仕隋朝，拜马邑郡丞。

46 岁时，李靖归于李世民麾下。其善于用兵，长于谋略，常能出奇兵以制胜。助李世民平王世充和窦建德，南平萧铣和辅公祏，北灭东突厥，西破吐谷浑，立下赫赫战功。历任检校中书令、兵部尚书，拜尚书右仆射，封卫国公，凌烟阁二十四功臣之一。李靖不仅善战，还兼有文才，著有“李靖六军镜”等多部兵书，后人辑有《唐太宗李卫公问对》，在北宋时期列入《武经七书》，为古代兵学的代表。

贞观二十三年（649），李靖病逝，终年 79 岁。册赠司徒、并州都督，谥号“景武”，陪葬昭陵。

郭子仪

郭子仪，字子仪。是中唐名将，早年曾参加武举，中第后入仕。他一生历仕玄宗、肃宗、代宗、德宗四朝，官至太尉兼中书令，封汾阳郡王，并被尊为“尚父”。

由于他精通兵法，智勇双全，在平定“安史之乱”时，力挽狂澜，战功卓著；平叛后，他又努力抵御吐蕃、回纥的侵扰，多次平息边患，展现出杰出的军事才能。因而朝廷颇为倚重他，常派他讨伐叛逆的藩镇。每受命出征，郭子仪皆能大获全胜，功勋卓著，威望极高，足令当时各地的藩镇慑服。

建中二年（781），郭子仪去世，享年 85 岁。追赠太师，谥号忠武，配飨代宗庙廷，陪葬建陵。

卯時

卯时 / 褚遂良 字

5:00-7:00

第四章

卯时，日出，弄晨妆

卯时（5:00—7:00），浓重的天色渐渐变浅，墨蓝之中被射入一道彤色的光，天就要亮了。天明驱散睡眠，城南高楼中的一位少妇从帏幕中起身。这几天忙碌节中事宜，她昨夜其实并未睡太久。但心中有事，就是躺在床上也不安心。大唐的贵族女人们讲究仪容，每一日里都不会松懈。她穿好石榴色衫裙，又披上月白上缀大红花朵的袖衫，披帛也顺道配好，搁在床边，只等着完妆后穿上。

一切准备就绪，她端坐在镜前，开始日复一日的流程。敷粉，上胭脂，又细细描秀眉，贴花钿。很快，一夜的困倦便被隐藏于这浓浓脂粉之下。但这还不是最后的流程，今日是她与夫君成婚后的第一个上元佳节，对她来说意义非凡。她对着镜中的面容，蘸着脂粉，在脸庞边细致地描绘上一枚弯月，门外传来夫婿张罗过节事宜的声音，她听得心头柔软，心中满怀着关于未来的憧憬与绮梦。

这是大唐，她们在长安。

大唐霓裳

胡粉

唐代崇尚肥白之美，仕女们对于“白”的渴求可以通过唐代最具代表性之一的化妆品——胡粉窥见一斑。《释名·释首饰》中记载：“胡粉：胡，糊也，脂合以涂面也。”早期胡粉颗粒粗大，敷在脸上难以附着，必须加入动物的油脂形成膏状才能使用。胡粉即铅粉，它色泽极白，富有光泽，比暗黄又粗糙的米粉上妆效果好得多，深受唐代女性喜爱，但却有毒。胡粉中的铅毒唐人并非不了解，孙思邈在《千金翼方》中就提供了火炼加掺入鸡蛋来减少胡粉中纯铅含量的方法，但本质为铅粉的胡粉长期使用仍然会对人产生伤害。然而为了白到发光，胡粉依然是唐代女性梳妆台上的绝对主角，敷粉也是唐代仕女们上妆的第一步。

《太平广记》中有一则富家子弟与胡粉女孩的爱情故事：有人家甚富，只有一男，宠恣过常。游市，见一女子美丽，卖胡粉，爱之。无由自达，乃托买粉，日往市。得粉便去。初无所言，积渐久，女深疑之。明日复来，问曰：“君买此粉，将欲何施？”答曰：“意相爱乐，不敢自达，然恒欲相见，故假此以观姿耳。”女怅然有感，遂相许以私，克以明夕。其夜，安寝堂屋，以俟女来。薄暮果到，男不胜其悦，把臂曰：“夙愿始伸于此！”欢踊遂死。女惶惧不知所以，固遁去，明还粉店。至食时，父母怪男不起，往视，已死矣。当就殡敛，发箧笥中，见百余裹胡粉，大小一积。其母曰：“杀我儿者，必此粉也。”入市遍买胡粉，次此女，比之，手迹如先。遂执问女曰：“何杀我儿？”女闻呜咽，具以实陈。父母不信，遂以诉官。女曰：“妾岂复吝死！乞一临尸尽哀。”县令许焉。径往，抚之恸哭曰：“不幸致此！若死魂而灵，复何恨哉！”男豁然更生，具说情状。遂为夫妇，子孙繁茂。

開元天寶遺事
唐 王仁裕
玉有太平字
開元元年內中因雨過地潤微裂至夜有
記其處所曉乃奏之上令鑿其地得寶
板樣上有古篆天下太平字百僚稱賀
步輦召學士
明皇在便殿甚思姚元崇論時務
泥濘盈尺上令侍御者

杨贵妃喜爱浓妆

唐代文学家王仁裕在《开元天宝遗事》中写道："贵妃每至夏月，常衣轻绡，使侍儿交扇鼓风，犹不解其热。每有汗出，红腻而多香，或拭之于巾帕之上，其色如桃红也。"说的是杨贵妃喜爱浓妆，夏日出汗连擦汗的手帕上都染上了红色的胭脂。

胭脂

一个唐代美人的标配妆容应为"红粉妆"，这红妆就是与胡粉所配合的胭脂。胭脂最初的形态出现在秦汉时期，为了追求"白里透红"的效果，爱美的姑娘开始在涂了白粉的脸上添加红色的胭脂。到了盛唐时期，国富民强，女儿家的妆台也极大地丰富起来。胭脂的品种也变得多样化，包含了用于双颊的面脂和用于嘴唇的口脂，相当于我们现在的腮红和口红。唐朝的胭脂是美妆界的流行风向标，僖宗年间，仅口脂就有石榴娇、大红春、小红春、嫩吴香、半边娇、万金红、圣檀心、露珠儿、内家圆、天宫巧、洛儿殷、淡红心、猩猩晕、小朱龙、格双唐、媚花奴共 16 种，装在雕花的象牙筒中，不知装点了多少豆蔻少女的芙蓉粉面。

画眉

一对完美的眉毛是一个妆容成功的一半，虽然关于眉妆的记载可以追溯到《诗经》，并在汉代就大为流行，但在唐代眉妆真正发展到了巅峰，女子画眉不分长幼。李商隐有诗云："八岁偷照镜，长眉已能画。"可见彼时少女心的萌动往往从画眉开始。唐代贵族女性画眉多用青黛，这是一种从西域传入的化妆方法。据说唐玄宗"喜眉成癖"，还命人作了《十眉图》，可以说是来自皇家的美妆流行指南。其实唐至五代一朝，眉妆的样式又何止十种，敦煌莫高窟壁画中的女子所画眉妆就千姿百态、丰富多彩。在中唐以前，中原地区推崇细长眉形，中唐之后，受吐蕃入侵影响，吐蕃的倒八字眉形逐渐受到中原女性的喜爱，成为新的风尚。

侍女图（局部） 唐代 佚名

绢本设色 纵 61.2 厘米，横 67.3 厘米 新疆维吾尔自治区博物馆藏

花钿

唐代盛行额妆，无论贫富，心思细巧的女孩儿们，或用金银珠玉，或用彩纸羽毛，甚至贝壳鱼骨，制成薄片贴于额前作为花钿，显得俏丽而灵动。花钿有红、绿、黄三色，红色最为常用，最初的式样只是一个圆点，到了唐代，变得花样繁多、形态各异，除了常规的梅花、桃形、菱形等，还有小鱼、小鸭、扇面、蝴蝶等式样。关于花钿的由来，有很多种说法，其中最富传奇色彩的是上官婉儿的故事。唐中宗时期，昭容上官婉儿得罪了武后，本该死罪，武后爱惜她的才华，改赐黥面之刑。上官婉儿为了遮掩刑罚的痕迹，贴花钿在额前，反而有了别样风情，宫中女子纷纷效仿。

面靥

面靥是施于脸颊的一种妆容，也是在唐代流行的一种妆容。初唐时期，只是用胭脂、朱砂、红粉等化妆品在酒窝处点上圆点，随着化妆手法的发展，到了盛唐时期，面靥形式极大丰富了起来，有钱币样的“钱靥”、杏子样的“杏靥”，甚至还有用黄色颜料点靥点出如夜间星辰的“黄星靥”。面靥最早其实是一种后宫中的记号，后妃们生理期时不便被帝王召幸，便在脸上点上红点以做暗示，未承想这种记号却使面容更为动人，逐渐成为宫中的风尚。

斜红

斜红是唐代盛行的一种面妆，是用胭脂等红色化妆品在眼角处画出弯月的形状。许多古代流行的妆容都由皇室贵族引领开来，斜红妆的由来与魏文帝的宠妃薛夜来有关。张泌《妆台记》中记载，有

侍女图（局部） 唐代 佚名

绢本设色 纵 61.2 厘米，横 67.3 厘米 新疆维吾尔自治区博物馆藏

舞乐屏风图　唐代　佚名

绢本设色　纵 46 厘米，横 22 厘米　新疆维吾尔自治区博物馆藏

天夜里，魏文帝在水晶屏风后挑灯看书，刚入宫不久的夜来前来探望，不小心一头撞到屏风上，脸上顿时鲜血直流，血流的样子仿佛朝霞将散，文帝心疼不已。夜来伤好后在眼角处留下了月牙形的伤疤，许是出于歉疚，文帝对她更为宠爱，引得宫中女子也开始在眼角处画上弯月，逐渐演变成了斜红妆的原型——晓霞妆。

唇妆

大概百分之九十的女孩子第一支入手的彩妆就是口红。女性对嘴唇的装点可以追溯到秦汉时代，到了讲究健康红润之美的唐朝，唇妆更受重视，有了多元化的发展。除了深浅不一的红色为口脂的主色调外，唐代女子还流行以檀色来点唇，也就是当下大热的裸色系，也算是跨越时空的潮流了。“安史之乱”后，或受时事影响，还盛行起了“乌唇妆”，女子们不上白粉不抹红妆，将双颊涂成赭红色，再以黑色的口脂将嘴唇涂成泥土样的颜色，再扫上八字眉，以示“悲啼”之态。这大胆新奇的“时事妆”也反映出了唐王朝开放的社会风气和女儿们对社会时事特殊的自我表达方式。除了口脂色彩，唐代唇妆在唇形的描绘上也十分考究，整个唐代女性对唇形的追求仍是“樱桃小口”这样的小巧款式，但在形态上以“蝴蝶妆”为主，上唇下唇各描出半个心形，嘴唇闭合时看起来就像一只轻盈的蝴蝶，十分漂亮。

蔷薇露

香水不止在现代才有，唐代的女子们就已经有惯用的香水了。唐代的冯贽在《云仙杂记·大雅之文》中写道：“柳宗元得韩愈所寄诗，先以蔷薇露盥手，

◎ 挥扇仕女图（局部） 唐代 周昉

熏玉蕤香后发读，曰大雅之文，正当如是。”文中所提蔷薇露是一种舶来品玫瑰香水，那时这种玫瑰香水刚刚从大食传入中国，唐人不知其制作奥秘，以为是蔷薇花上的露水采集而成。

头油

早在东汉就有了女性使用头油来固定头发的详细记载，到了唐代，头油已经成为唐代贵族女性的必需品。头油的配方也有了很大的改进，随着胡麻在汉代通西域引入中国并逐渐广泛种植，以及“香料大发现”时代的洗礼，历史洪流裹挟着人们的日常生活也发生了潜移默化的改变，头油不再使用黏腻的猪脂，而是以芝麻油为主料混合其他各色香料制成芬芳馥郁的“升级版”。

假如你在大唐偶遇一位云鬓掩映的少女，定会有阵阵幽香从她的发间散出。

澡豆

魏晋南北朝正是中国历史上的“香料大发现”时代，西域的制香匠将细细研磨过的豆面与处理过的猪胰腺和各种名贵香料的粉末混合制成了贵族们专享的澡豆，上流社会净面、洗手、沐浴、洗发皆以澡豆为美。《世说新语》记有东晋权臣王敦刚娶舞阳公主时误将澡豆当饭吃，被奴婢们偷偷嘲笑的故事，彼时澡豆是世家贵族生活的一抹侧影，是低调的奢华、阶级的标签。到了唐代，澡豆的使用达到了鼎盛，由廉价的绿豆、白豆等本土豆子制作的“平民版”澡豆进入寻常百姓家，澡豆成为上自皇家贵胄下至贩夫走卒的生活必需品。唐代名医孙思邈在《千金翼方》中写道：“面脂手膏，衣香澡豆，

白纻歌

皎皎白纻白且鲜，将作春衫称少年。
裁缝长短不能定，自持刀尺向姑前。
复恐兰膏污纤指，常遣旁人收堕珥。
衣裳着时寒食下，还把玉鞭鞭白马。

——唐·张籍

此诗描写了一位为夫君赶制春衫的少妇，不小心掉了耳环，她担心自己去捡耳环手会碰到耳环上的头油弄脏衣料，因此呼唤旁人帮她捡耳环的生活场景。诗中“兰膏”指的就是头油。

永和公主的澡豆美白传说

相传唐永和公主自幼肤色泛黄，用尽各种美容秘方却收效甚微，有一道士献上了道家的“澡豆洗面法”，不久之后，永和公主的皮肤变得细腻白嫩，如若凝脂，与之前判若两人。很快“常用澡豆洗手面作妆，一百日其面如玉，光净润泽”的美白传说传遍了后宫。

仕人贵胜，皆是所要。”依照唐代习俗，逢腊日（农历十二月初八）君王会赏赐面脂、澡豆等护肤品给臣下，而澡豆也是地方向皇家进贡的贡品之一。

发髻

发型艺术尤其是女性发髻造型在唐代发展到了一个新的高峰，一改隋代简约平实的风格，仅发髻式样就有近百种之多，梳法也各有不同。唐朝女子对发髻的重视与偏爱也反映了整个唐王朝的兴衰气象。初唐时期，女子多梳如云髻这种高耸昂扬的发髻，并装饰艳丽的牡丹或金玉珠翠，尽显积极向上、百废待兴的昂扬之美，丰盈优雅的云髻多为贵族女子所钟爱。普通百姓家的女子中则多梳由初唐宫中流行开来的螺髻，高高盘在头顶的螺壳状发髻后垂缀着彩色的丝带，既大方又有飘逸之美。

盛唐时期依旧流行上梳的高髻，典型代表为双环望仙髻，此发髻呈双环高耸于头顶，有瞻然望仙之态，故而得“望仙”之名。唐代贵族女性常在这种发髻前插孔雀开屏步摇，并在发间星星点点装饰珠翠，摇曳华丽，珠光盈盈，也从侧面呈现了盛唐繁华景象。到了中晚唐

◎ **弈棋仕女图　唐代**

吐鲁番阿斯塔那 187 号墓出土　新疆维吾尔自治区博物馆藏

◎ **张萱捣练图（宋徽宗摹本）　现藏美国波士顿美术博物馆**　《捣练图》是中国唐代名画，是一幅工笔重设色画，表现贵族妇女捣练缝衣的工作场面。盛唐时期一幅重要的风俗

时期，女子发髻多为向下梳法的圆锥抛髻、堕马髻，有病态、散漫的美感，也正与当时的社会衰颓相呼应。

发饰

唐代的发型艺术登峰造极，与之对应的发饰也是琳琅满目、丰富多彩。其中梳栉是唐代发饰中最具代表性的一种发饰。唐代崇尚高髻，于是原本日常使用的梳子逐渐有了装饰的作用，唐代女子喜爱在高髻上插上做工精巧、材质名贵的小梳子，露出精致华丽的梳背，更显雍容，最初只是单在髻前插一把，后来逐渐增多，梳背的做工也日趋考究。

◎ **玉花鸟纹梳　唐代**

长 10.5 厘米，宽 3.5 厘米，厚 0.4 厘米　北京故宫博物院藏

除了梳栉，唐代发饰还有簪、钗、胜、钿等。唐代的发簪多用白玉、金银打造，工匠们多在簪头发挥技艺，或繁复精致，或简约生动。发钗与单股的发簪不同，制成双股，因而也被看作是爱情的象征，其中步摇是唐代发钗中的精品代表。步摇多为玉兽金花造型，下垂五彩珠玉，随着佩戴者行走，摇曳生姿，极富风韵。步摇最初为礼制饰品，平民是被禁止佩戴的，直到汉唐时期才逐渐进入寻常人家。

后世绘画风格有重大影响，是唐代仕女画中取材较为别致的作品。

◎ 引路菩萨图（局部） 唐代 绢本设色

襦衫

唐代女性的服饰以襦衫搭配长裙为主。襦和衫都是上衣，襦比较厚适合秋冬，衫比较薄适合春夏。初唐受到不同民族文化影响，襦衫多为修身款的窄袖短衣，穿起来轻便利落，衣襟多为对襟、右衽，搭配长裙时，下摆掖进裙下。到了中唐以后，因“安史之乱”，大众审美有意规避胡风，因而宽衣广袖的风格取代了修身紧窄的“胡”式审美。襦衫的衣领款式丰富多变，除圆领、交领、直领、方领等常规款式，还出现了袒领。这种袒领就是我们在影视作品中常见的袒露女性胸部的衣领了，袒领的襦衫也是最受唐代女性欢迎的服装。这种低领袒露风格的衣服先于初唐宫中流行，但仍比较保守，到了盛唐时期，就豪放得多了，无论皇室民间，都盛行袒露之风，也反映了当时社会开放的风气。

半臂、披帛

半臂是一种半袖短衣，多穿在襦衫之外，也可以单穿，是初唐时期女性的主要日常穿着之一。半臂有对襟和斜襟两种，衣领多为直领或斜领，半臂没有纽扣，只在衣襟上缀有衣带。半臂无论男女都可以穿着，也是唐代宫廷常服的一种。到了中唐以后，随着襦衫款式日渐宽大，半臂渐渐不再流行。披帛是一种长方形的布巾，也是唐代盛行的服饰之一。一般由绘着金银色花朵的纱罗裁成。唐代女子将其或搭在肩上，或缠绕手背，不仅可以遮风暖背，行走间更有飘逸之感。披帛有长有短，宽短的披帛多为已婚妇女穿戴，长款的则是未婚少女使用。

裙

唐代女子喜穿长裙，裙子不仅种类多，样式也别致新颖。有百鸟裙、间裙、花笼裙、石榴裙等等。唐初胡风渐盛，女子的裙子也多为窄裙，并且她们喜欢将裙腰提得很高。间裙是这一时期的潮流，这种裙子由两种或两种以上颜色的布料间隔排列，拼接而成，色彩丰富斑斓，十分艳丽。但这种“拼材质”的裙子也引得妇人们攀比成风，奢靡浪费。到了唐中后期，服饰风格整体追求肥大，窄裙退出时尚舞台，取代间裙成为贵妇们新宠的是珍贵的百鸟裙和花笼裙。百鸟裙，顾名思义是将多种飞鸟的羽毛捻成线织成。一条品相好的百鸟裙可以“正视为一色，旁视为一色，目中为一色，影中为一色”，堪比当今的顶奢高定。花笼裙是罩裙的一种，由名贵的“单丝罗”织成，轻软而半透明的丝罗上用各色丝线绣着花鸟图案，穿起来飘逸出尘又不失精致华丽。贵妇们的奢华风毕竟小众，唐代年轻女子中更为流行的是石榴裙。这是一种单色红裙，女孩子们穿上俏丽动人。“拜倒在石榴裙下”的俗语在今天仍被鲜活地使用着。

◎ 簪花仕女图（局部） 唐代 周昉

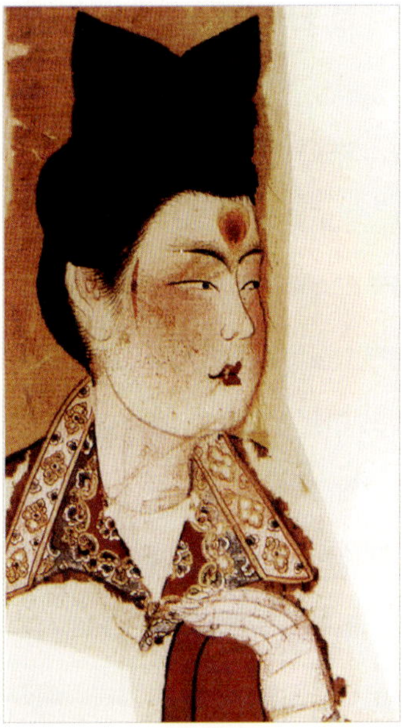

◎ 胡服美人屏风画　唐代　阿斯塔那张礼臣墓

胡服

唐代女性对胡服的崇尚是前所未有的，这与当时开放包容的社会风气、国际化的长安不无关系，胡舞的流行也在引领着女装的风尚。唐时期的胡服不仅有各少数民族服装的元素，还兼容了波斯、印度等异国服饰元素。初唐、盛唐时期女子胡服穿搭多为头戴锦花、顶胡帽，身着翻领窄袖袍，条纹小口裤，再配透空软锦鞋，不仅利落飒爽，还凸显出女性的线条美感。唐代女装胡服并非完全照搬少数民族或异国服饰，而是在其强大的织造技术基础上，对这些民族服饰加以融合改良，面料种类多样，装饰更为精细考究，有着自己独到的审美情趣。

女着男装

女子穿男装是唐代女子极为独特的穿衣风格。《新唐书·五行志》中记载，唐高宗年间的一次宫廷宴会上，太平公主以一袭男装献舞于御前。高宗武后非但没有斥责，还觉得大为有趣。这或许就是唐代女着男装风潮的发端。唐朝的“女着男装”不是只在佩饰细节上借用男装元素一二，而是在整个服饰形制上效仿男装。《旧唐书·舆服志》称之为“著丈夫衣”，可见女性穿男装已经是社会的普遍风尚，不仅仅是皇室贵族的奇趣偏好了。唐代女子喜爱的男装有两种: 常服和戎装，包括幞头、圆领袍衫、玉带、乌皮六合靴等。在唐代名画《虢国夫人游春图》中，可以清楚地看到，画中女子虽梳女性发髻，但身着圆领窄袖袍衫、脚穿乌皮靴，是典型的男装装束。

◎ 怀抱弓、箭囊的侍女　唐代　阿史那忠墓

◎ 内侍图　唐代　懿德太子墓第三过洞西壁

男子服饰

唐代男子标准服饰为：头戴幞头，身穿圆领窄袖袍衫，扎单尾革带，脚穿靴子。幞头是男子用的头巾，又称折上巾。幞头最开始多用纱罗裁制，但因为太柔软而不太有形。于是唐代型男们就在幞头里加了桐木片给幞头定型，这种定型的饰物叫作“巾子”。初唐时期男子将幞头裹好后在脑后扎成两角，两角自然下垂，这种软脚到了晚唐演变成一左一右的硬脚。唐代的圆领袍有两种，一类是两侧开衩的开骻款，一种是不开衩在下摆处加横襕的闭骻款，圆领袍的左右襟在胸前交叠后以布扣或衣带固定在脖颈侧边，这种方式使衣服的防风性能大为提升。圆领袍方便、舒适，是唐代帝王到寻常百姓都喜爱的穿着。

帝王服饰

唐代帝王服饰形制沿袭隋制，分礼服和常服两种，天子礼服用于大型祭祀、朝会时穿戴，庄重繁复，包括冕服、冠服、弁服、帻服、帽服。其中冕服又有大裘冕、衮冕、鷩冕、毳冕、绣冕、玄冕六种，统称六冕。大裘冕因实用性不强，仅在唐王朝使用了 35 年就被废置了，取代它的是庄重又华丽的衮冕。衮冕是唐朝天子最常穿的礼服，这种礼服的式样也一直被后来的宋元明沿用。

唐朝天子常服的款式和平民没有太大的区别，以窄袖、圆领的袍、衫为主，但只有天子才可穿赤黄色的袍衫，再配以折上头巾、九环带、六合靴。天子也是人，比起繁重拖沓的礼服，自然是常服穿起来舒服随意，因此自贞观之后，除了元日、冬至的大型朝会和一些重要祭祀必须身着礼服，皇帝们也都只穿常服了。

礼服

常服

◎ 帝王听法图　唐代　莫高窟第 220 窟

◎ 客使图（局部）　唐代　章怀太子墓道中部东壁

公卿服饰

唐代官阶分为九品，不同品级的官员服饰无论从颜色还是材质、纹样上都有明确的规定。太宗贞观年间定令：百官之服三品服紫色，四品绯色，五品浅绯，六品深绿，七品浅绿，八品深青，九品浅青，流外官及庶民服黄。尤其是紫、绯这种品阶较高颜色的官服授予，须经过严格的朝廷审核。质地上，五品以上的官服用细绫和罗，六品以下用小绫。唐代七品以上的官服方有资格装饰花纹，五品以上的官服纹饰更加华美。据《唐会要·舆服》记载：诸王饰盘龙及鹿，宰相饰凤池，尚书饰雁，左右卫将军饰麒麟，左右武卫饰虎，左右鹰扬卫饰鹰，左右豹韬卫饰豹。

◎ 甲胄仪卫领班图　唐代　长乐公主墓

戎装

唐代戎装讲究“将帅用袍，军士用袄”，将袍上还会绣上代表勇猛善战的狮虎的图案。战场上的将士身披甲胄，铠甲的材质包括皮革、金属、丝帛，甲片的样式也有山文、锁子、细鳞等多种形式。唐代铠甲无论从样式到工艺都比前代有了巨大的进步，形成了以明光甲为代表的唐十三铠。明光甲的前胸后背装有打磨光亮如镜的圆护，在太阳照射下发出闪耀光芒。此铠甲与魏晋时期甲胄相比，重量有所减轻，但防御能力却大大提升，也是唐代军队使用最为普遍的铠甲。

婚丧嫁娶

·唐代婚俗

·同姓不婚

·六礼之俗

·结发合卺

·七宗五姓

·唐代丧仪

·孝义为先

·厚葬之风

唐代婚俗

唐代社会风气开放，青年男女们在婚姻的选择上有着极大的自由。《唐律·户婚》中规定，哪怕未征得父母的同意，只要成年的双方确立了婚姻关系，法律都给予认可，只有未成年并违抗父母之命算违律。这等于是在法律层面上，为婚姻自由提供了保障。在唐朝，妇女离婚再嫁也很常见。唐人妇女守节这种观念十分淡薄，在唐律中有『若夫妻不相安谐而和离者，不坐』的离婚条款，这在中国封建王朝中几乎是空前绝后的婚姻法制度。唐代女子也不以再婚为耻，即使公主也有很多再嫁、三嫁的，这些都展现了唐朝开明的社会风气。

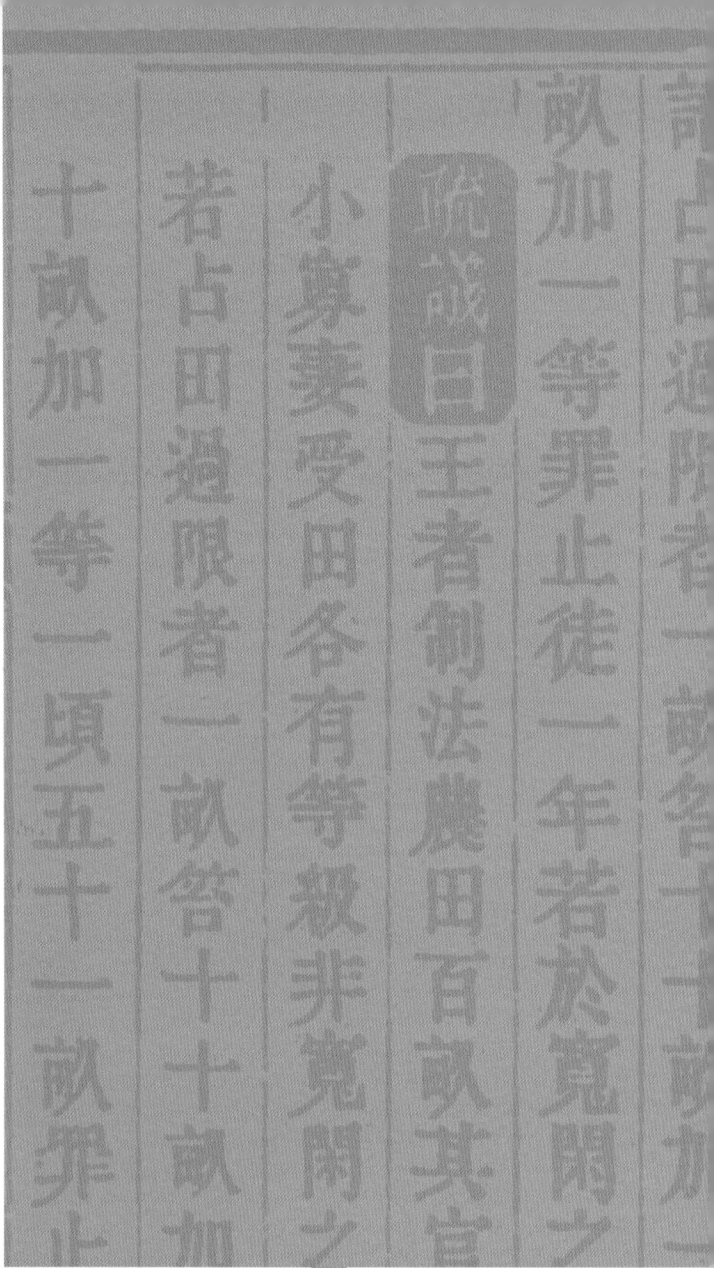

◎ 放妻书（局部） 唐代

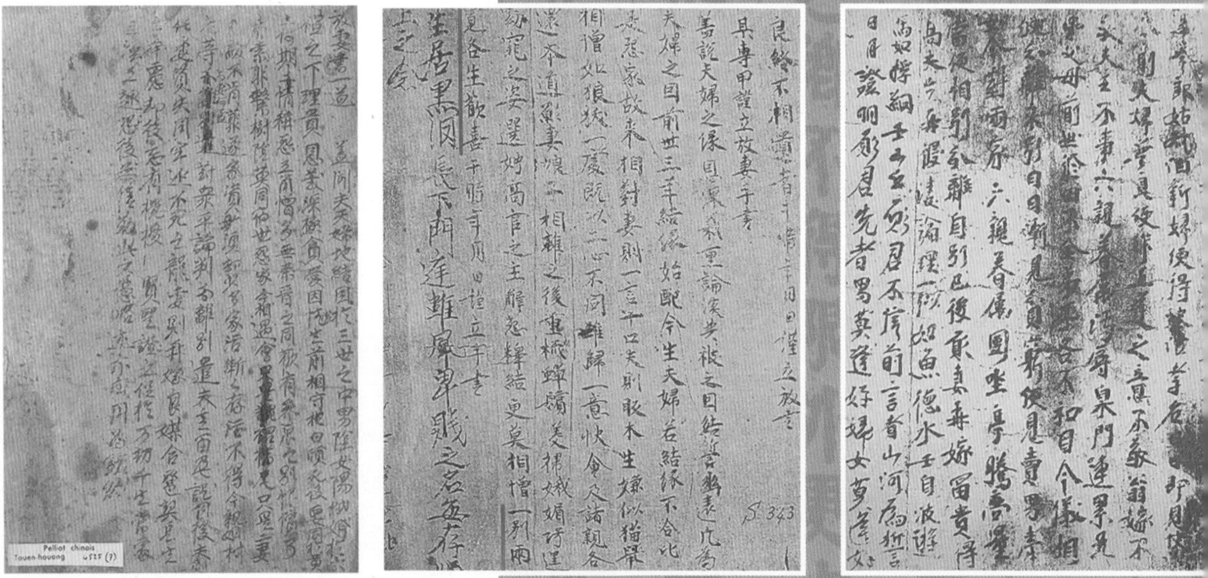

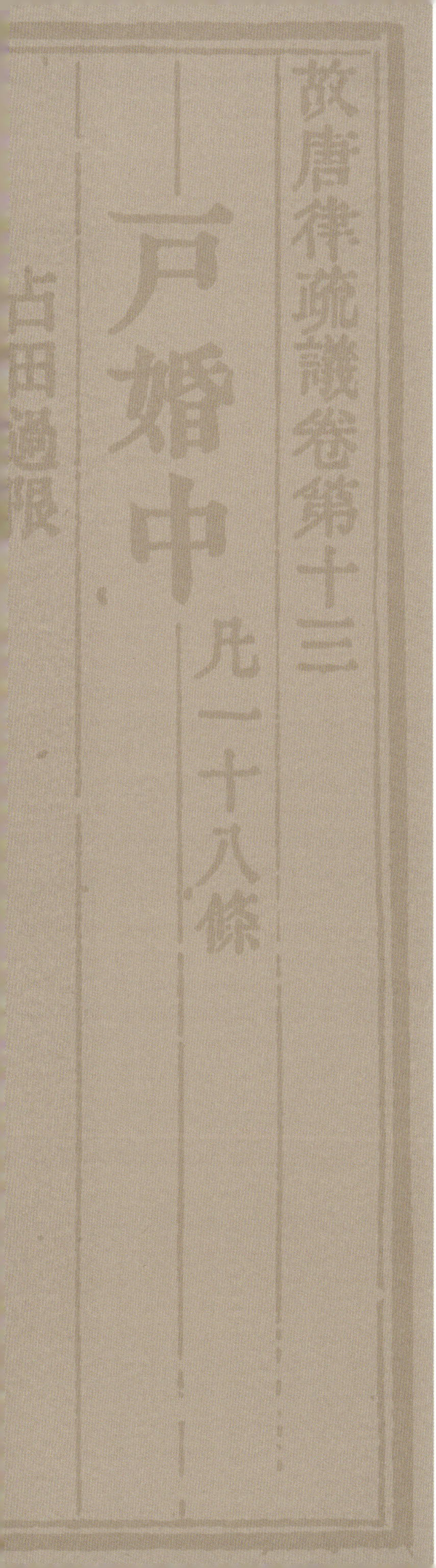

◎婚嫁图 唐代 莫高窟第12窟

◎同入青庐图 五代 榆林窟第38窟

同姓不婚

虽然唐朝婚姻自由度相对很高，但『父母之命，媒妁之言』仍是当时婚姻制度的基础。家长对子女的婚姻有着绝对的权威，即使子女已经自行订婚，只要尚未结婚，都必须服从家长的安排。此外，唐代婚姻制度强调『同姓不婚』，并且即使不是同姓，但有血缘关系的婚姻也是不被法律允许的。这样的婚姻制度是古人基于不同姓氏之间开枝散叶、繁衍人口的考虑，但从遗传学的角度来看，中国古代家族遗传病并不多见，与『同姓不婚』的婚俗有着密切关系。

六礼之俗

唐朝的婚姻礼节延续了前朝的六礼之俗，即：纳彩、问名、纳吉、纳征、请期、迎亲，这套礼节甚至到今天仍有部分被沿用。唐朝的彩礼要有合欢、嘉禾、阿胶、九子蒲、朱苇、双石、棉絮、长命缕、干漆等九样物品，每一种都有着祝福吉祥的寓意。依照唐代婚俗，迎娶新娘前，男方要用三升粟米填满石臼，用一张席子盖住井口，还要在新房门口放三支箭。唐朝多春夏娶亲，初唐时迎亲的时间在黄昏，中唐以后才多为清晨。新郎的迎亲队伍要在新娘家的门口齐声呼喊：『新妇子！』是为『催妆』，男方有时还要赋催妆诗以显才情。接到新娘后，新娘上车时要挡上膝盖，搭上盖头。上车后，新郎必须骑着马围着新娘的婚车绕上三圈后再走。但此时，娘家人会集结一些人拦住新郎去路讨彩头，叫作『障车』。新郎排除万难终于将新娘妇接到自家门口后，女方的随行亲属还要拿棍子轻敲新郎的头，以示婚后不许欺负新娘，这叫『下婿』。新娘初入婆家后，要先拜灶台，祈愿将来成为操持家务的能手。

纳彩

问名

纳吉

纳征

请期

迎亲

结发合卺

唐朝婚俗中，结婚当天新人是不在新房过夜的，要在屋外用青布幔帐搭建帐篷，称为『青庐』，新人在青庐中完成交拜仪式并度过新婚之夜。在青庐中夫妻对拜之后，新婚夫妇各自剪下自己一缕头发挽成合髻，交由新娘保存，这就是『结发夫妻』了，二人自此携手漫长的人生之路。唐朝的新婚夫妇在新婚夜也要饮合卺酒。古语有『合卺而酳』之说，卺的本意是一个瓠一分为二为两个瓢。夫妻二人饮完合卺酒后，男方会留意将酒杯倒过来放，取阴阳和顺之意。

七宗五姓

唐朝的士人以能娶到『五姓女』为荣耀，这『五姓女』是指唐朝最为尊贵的七大世家的女子，这七大世家有五个姓氏，因此也被称为七宗五姓，渊源可上溯至北魏。分别是：陇西李氏、赵郡李氏、博陵（今河北安平县、深县、饶阳、安国等地）崔氏、清河（今河北清河县）崔氏、范阳（今保定市和北京市一带）卢氏、荥阳（今河南省）郑氏、太原王氏。七宗五姓门第高贵，耻与其他姓氏缔结婚约，甚至皇族都不放在眼里，只在五姓内部通婚，以保持高贵的血统。按北魏以来的传统，清河崔氏与陇西李氏、范阳卢氏世代为婚姻；赵郡李氏则与博陵崔氏世代为婚姻；范阳卢氏与荥阳郑氏世代为婚姻，陇西李氏与范阳卢氏世代为婚姻。这也表明唐朝的门阀观念并没有比前朝减弱，反而愈演愈烈。

- 陇西李氏
- 赵郡李氏
- 博陵崔氏（今河北安平县、深州市、饶阳、安国市等地）
- 清河崔氏（今河北清河县）
- 范阳卢氏（今保定市和北京市一带）
- 荥阳郑氏（今河南省）
- 太原王氏

◎ 挥扇仕女图（局部） 唐代

唐代丧仪

唐朝的丧葬礼仪有着严格的等级制度，同样是身故，三品官阶以上的称为薨，五品以上称卒，六品以下到庶人叫作死。这些充分反映在了唐代的墓葬形制上，太子、公主、簪缨之家享用的是双室砖墓，一、二、三品官则配单室砖墓，单室方形土洞的墓主是四、五品官，单室长方形或方形土洞的墓主为六至九品官，无官品但有地位的庶人可享用单室长方形土洞墓，普通人只能配刀形的土洞墓。随葬品更是连细微的同品官阶之间的差别都能体现出来。即使是身家丰厚的巨贾，随葬品的形制也不能越过森严的等级制度。

◎ 石椁内壁彩绘线刻画　唐代　陕西历史博物馆藏

孝义为先

唐律中会受到最严厉法律制裁的『十恶』之罪中的『不孝』与『不义』都与丧葬有关，如在父母丧期或大丧期间嫁娶、作乐、不穿丧服等，都会被严惩。唐朝也流传着许多为亡故父母尽孝的典范故事，如宣宗时，一女子母亲早亡，家中也没兄弟。她的父亲战死他乡，这名女子为了护送父亲的灵柩回乡与母亲合葬，不惜自毁容貌，跋涉千山万水、历尽艰辛，最后结庐于父母合葬墓旁终身不嫁。

唐朝朝廷规定，父母身故后如果子女没有安葬则不准赴京参加科举考试。即使身居高位，如果没有在父母丧亡后好好尽孝，也会受到社会舆论的强烈谴责。

◎ 三彩四孝塔式罐　唐代　陕西历史博物馆藏

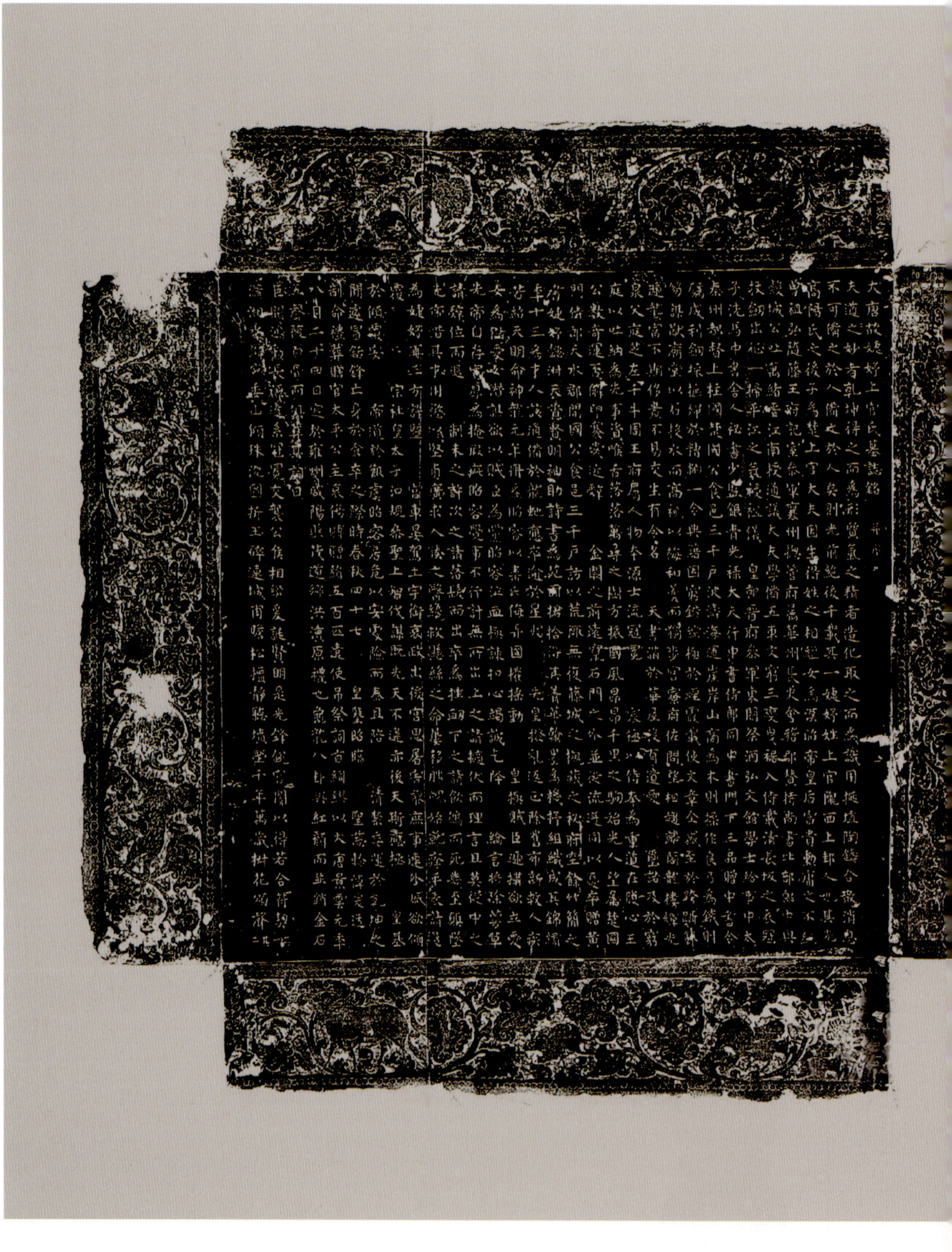

◎ **上官婉儿墓志铭拓片**

墓盖：85 厘米 ×87 厘米、墓志：102 厘米 ×102 厘米。此墓志铭现藏于西安碑林博物馆，墓志上的花纹较为精美。四侧整体联珠纹框内减地线刻十二生肖，衬以缠枝忍冬。生肖墓志线刻装饰图案中属难得的上乘之作。

厚葬之风

唐人讲究事死如生，认为人死后也如在世一般需要有好的生活保障，因此厚葬之风盛行，烧纸钱的习俗就在此时形成。在唐代的丧礼中，出殡是最为奢靡的一个环节，在丧车经过的路上，丧主要搭起棚子、张开幕布，里面放上假花、假果、假人，等等。权贵之家的幕布往往高大华丽，祭品甚至棚子里都摆放不下。除了出殡送葬外，唐人还要为死去的故人作各种法事，最为常见的是每七天一斋的七七斋，死去一周年还要做一年斋。下葬时，不仅墓室讲究，随葬品也非常丰富，有陶俑明器，还有死者生前的日常用品。唐朝的厚葬之风，也让普通人家负担不起，甚至出现了一场丧事下来家徒四壁的情况，因此唐朝的帝王也屡次下诏禁止厚葬攀比之风。

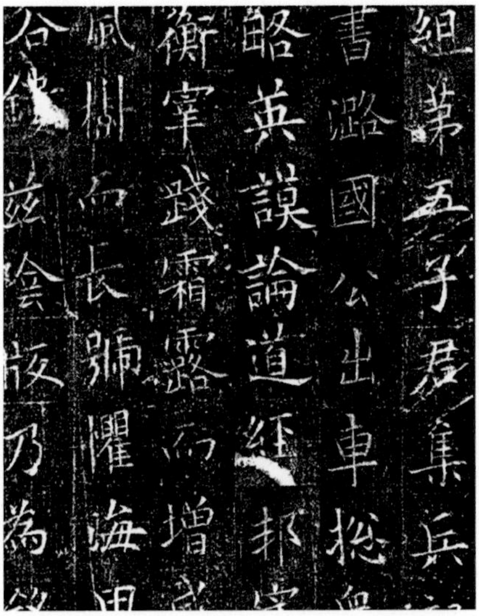

皆为动物形象，生动写实。志盖四刹和志石四侧的线刻，图案造型优美、錾刻精细，在唐代

7:00-9:00

辰时 / 钟绍京 字

辰時

第五章

辰时，食时，坊间食

辰时（7:00—9:00），天色已大亮，整个长安城全部醒来。坊间尽是和往常一样的热气腾腾的食品，食物的香气弥散至街道的每一个角落。这本就是唐长安城一天当中最有烟火气息的时刻，又因佳节正好，铺子间摆放的食物便更是诱人。青粳饭、团油饭、乳粥、饺子、馄饨、冷面、饆饠、胡饼、长生粥，往来人的鼻子本就已盛不下这样的丰盛，接着眼睛又在金线油塔转弯的线条中晕眩。

食物的丰富昭示着王朝的强盛与繁荣，市民们一边吃着朝食，一边交谈着今晚的上元夜中即将迎来的盛况。他们的脸上看不见空茫，在这个热气腾腾的时代，他们有太多的事要做，有太多的新闻值得关注。而朝食是他们一天当中最初的期待，有孩童从一间铺子的里厨结伴跑出，手里一人捧着一个刚出锅的胡饼，欢笑大叫着，从街边奔向坊门。

心满意足地吃毕早餐，就要准备晡食家宴的菜品了。其实食材是早就准备好的，但此时还是要再检查清点，以免又有什么遗漏。米面之类的主食，羊、猪、牛等诸样荤食，生鱼片等各类鱼鲜，葵菜、菠菜、薤菜、韭菜、萝卜、菌类等各样蔬菜，柿子、葡萄、苹果、石榴等各色水果，甚至还有酱、醋、豉、花椒、胡椒等各色调味料，都是不能马虎的。这样的琳琅满目，是他们的一粥一饭，也是他们真实的生活。

这是大唐，他们在长安。

大唐美食

◎ 持果案侍女图 唐代 房陵大长公主墓前室东壁

朝食

朝食就是早餐，馎饦是唐代最普遍的一种朝食，也就是面片汤，将扯成拇指大小的面片煮熟加上佐料就可以吃了。除了馎饦，粥也是唐代餐桌的主流早餐之一。唐代粥的种类很多，唐朝的医学著作《食医心鉴》里，有章节专门讲粥，不仅做法多种多样，唐代做粥的材料也是从米、麦、薏仁、粟米到蔬菜、水果、肉类，非常丰富。在寒食节，唐代百姓还要吃冷粥，有一种叫杏仁饧粥的冷粥，是将大麦粥加入杏仁碎再浇上麦芽糖一起吃，别有滋味。除了餺飥和粥，饼也是朝食的重要组成，比如最为大众熟知的胡饼、寒食节要吃的蒸饼、三月三要吃的煎饼，都是唐代的特色朝食。

◎ 持物彩绘俑　唐代　陕西历史博物馆藏

晡食

晡食就是晚餐，唐朝一日三餐已经开始普及，但平民还是多为一日两餐，晡食的时间大约在下午3点到5点。唐朝国力强盛，物资丰沛，人民群众的伙食也比较好。如果一日两餐，晡食就是正餐，非常丰盛。唐朝人以面食为主，也有米饭，但因为北方小麦种植发达，长安城的居民最常吃的还是饼、汤饼（就是面条）等主食。光饼就有煎饼、胡饼、蒸饼、阿韩特饼、凡当饼等多个品种。面条的制作水准也很高超。已经有了冬天吃汤饼，夏天吃冷陶（凉面）的习俗。唐人吃的肉类以羊肉为主，也不乏鱼鲜水产，餐桌上蔬菜水果样样齐全，饮食文化和加工水平都达到了极高的水准。

肉荤

唐代肉食的主导是羊肉。律法规定耕牛不能宰杀，猪肉贵族们不待见，禽类不算“肉”，因此唐朝人很会做羊肉，也有很多名菜，如用羊骨髓和其他材料调成馅料之后装入牛肠制成的通花软牛肠，还有象征着消灾避祸的吉祥菜烤全羊、红羊枝杖等。虽然猪肉在唐代贵族眼中不是高贵的食材，但当时养猪业其实已经比较发达，寻常人家的餐桌上也会有蒸猪肉蘸蒜泥的吃法，名菜五牲盘（将羊、猪、熊、牛、鹿五种肉切成薄片生吃）里也有猪肉的一席之地。唐朝人除了羊肉外还爱吃鱼脍。鱼脍其实就是生鱼片，佐以葱末蘸料，配上热乎乎的米饭，就是一顿美味佳肴了。

蔬菜

唐朝时蔬菜的种类已经相当丰富，有葵菜、菠菜、薤菜、韭菜、萝卜、菌类、白菜、芥菜、黄瓜、茄子、莴苣、瓠子、藕、芋头、芹菜、葱、姜、蒜、苜蓿等。这些蔬菜绝大多数都是园圃栽培，可见当时农业之发达，种植技术已经非常成熟。蔬菜品种齐全，唐朝人也很会吃菜，最受欢迎的蔬菜是葵菜，也就是现在的苋菜，常用“烹”的做法，即放在油锅里略略一过，再调味即可。此外，根据不同时令，人们还会剪新韭、挖竹笋、尝鲜藕，一食一饮，非常讲究。

水果

唐朝人吃的水果和现代已经没有太大的区别了，有来自北方的柿子、葡萄、苹果、石榴、樱桃、甜瓜、枣等，也有产自南方的柑橘、琵琶、甘蔗、荔枝、橄榄，甚至一些热带水果在长安也可以吃得到。

荔枝

荔枝因为“一骑红尘妃子笑”的故事而名扬古今，是后世最为人熟知的唐代水果，新鲜的荔枝密封在竹筒中，由快马从四川、福建、广东等地在十天之内送达长安以保证新鲜美味。但这小小荔枝承载的宠爱最终也毁了杨贵妃，杨氏一门的腐败导致民怨沸腾，内忧外患之际，唐玄宗也不得不下令停止荔枝进贡，并最终赐死了万千宠爱的杨贵妃。

樱桃

樱桃也是当时长安城内的高档水果，本地也有产出，是上流社会待客宴饮的保留水果。每年樱桃成熟的季节，天子都会向近臣赏赐樱桃作为荣宠的象征。皇帝也会为正值放榜的新科进士们在曲江池畔举办樱桃宴。唐人吃樱桃非常讲究，有一种宫廷传出的樱桃甜品叫“酪樱桃”，将层层叠叠盛在水晶器皿中的鲜红樱桃配以乳白色酥酪，再淋上蔗糖浆一起吃，色味俱佳，是长安贵族春宴上的重要菜品。

柿子

柿子也是唐时长安城中常见的时令水果，而且唐朝中原地区柿子树种植也非常广泛。但如今有名的火晶柿子在当时却是见不到的，根据史籍记载，火晶柿子树最早在文献中出现的时代是在明朝。

馄饨和饆饠

馄饨和饆饠也是大唐街头美食中非常有代表性的品种。隋唐时期，馄饨和饺子开始区分开来，馄饨成为唐朝百姓钟爱的美食。根据《酉阳杂俎》记载，长安城的萧家馄饨是当时名店，他们家的馄饨做法精细、味道鲜美，沥出来的汤汁甚至可以用来煮茶。唐代还有“五般馄饨”“二十四气馄饨”这样可以列入宴请菜单的名点。

饆饠是由少数民族传入的一种“胡食”，是唐朝民间很普遍的一种美食。它是一种呈枕头形的带馅儿面点。饆饠的馅料以肉馅为主，油煎而成，有蟹黄饆饠、羊肝饆饠等。饆饠是平民美食，价格低廉，当时进京参加科举的穷书生，在食肆酒楼也只能吃得起饆饠，慢慢演化出了楼罗一词，也就是现在“喽啰”的源头。随着民族融合，胡食也逐渐吸收了中原的口味发生了变化，到了晚唐时期，出现了甜口的水果馅饆饠，其中最有名的是樱桃饆饠。《酉阳杂俎》中记载，“甘露之变”中那位因为紧张出汗而坏事的将军韩约善做饆饠，他做的樱桃饆饠，煎熟了之后，内里的樱桃果肉可以新鲜如初，不变颜色。

烧尾宴

宴会是能够将多种美食集合起来的一项群众喜闻乐见的活动。说起唐朝美食，就不能不提烧尾宴。烧尾宴取“鱼跃龙门，天火烧尾成龙”之意，是士人新官上任或官员升迁招待前来祝贺的亲朋好友所设的宴会，曾在唐朝盛行一时，在开元年间停止。虽然只存在了 20 多年，但烧尾宴的食单极负盛名，可谓盛唐美食的代表。烧尾宴食单目前有 58 种佳肴流传于世，有饭食羹汤、山珍海味、飞禽家畜。食单中有 32 种菜肴，原材料选择除了常规的牛羊、鸡鸭、水产，还有熊、鹿、虾、蟹甚至青蛙，从南到北，上天入地，应有尽有。做法除了蒸、炖、炙、烤，还有用来装饰观赏的工艺菜，如“素蒸音声部”，就是用素材和蒸面做成蓬莱仙子歌舞的群像，足有 70 件之多。除了菜肴，烧尾宴还有 20 多种点心，制作极尽精细，有各色饼、粽子、糕、馄饨等等。这 58 种菜品还只是烧尾宴中“奇异者”部分，其他已随着历史湮没，但其中的奢华靡费已可见一斑。

调味料

唐朝人喜爱吃羊肉，因此去除腥膻之气的调味料在唐代饮食中占有主要地位，如酱、醋、豉、花椒、胡椒等香料。彼时辣椒还未传入中国，食物中的辛辣味道也主要来自花椒、胡椒和茱萸，除了食物调味，唐人有时还会在茶酒中加入辛辣调料，由此可见花椒在唐代饮食调味中所占的比重是很大的，唐人也大面积地种植花椒以满足烹调的需要。除了本土的花椒，外来的胡椒也受到唐朝贵族的热烈欢迎，它既可以压住羊肉中的膻味儿，还能刺激人的食欲，但因为基本靠海外输入，价格也非常的昂贵。

◎ 野宴图　唐代　韦氏家族墓

茶酒文化

◎ 煮茶图（局部） 明代 文徵明

茶

唐朝饮用的茶都是绿茶，茶叶的产地主要为巴蜀和东南，其中巴蜀茶区是传统的产茶区，茶品质量上乘，名茶众多，最受人追捧。唐朝的成品茶主要有散茶、末茶和饼茶几种，都是碾成粉末再用煎茶的方式饮用。

唐朝的茶文化起源于南方，逐渐向北流行，德宗时，陆羽完成了中国第一部茶学专著《茶经》，极大地推动了全民的饮茶之风。中唐之后，茶文化开始向各个阶层渗透，文人雅士是推广茶文化的主要动力，他们之间也常以茶会友，互赠佳茗，或为雅谈或为送别举办茶宴茶会。到了晚唐，寻常百姓间也已形成饮茶的风气。

散

末

饼

◎ 法门寺地宫出土的唐朝皇室茶具　法门寺博物馆藏

茶圣陆羽

陆羽被尊为茶圣，是中国乃至世界茶叶发展史上的伟大开拓者，他所创造的茶学、茶艺和茶道思想极大地推动了茶文化在社会各个阶层的普及，他撰写的《茶经》是世界上第一部茶叶专著，也是中国茶文化史上划时代的巨著。

陆羽身世坎坷，相传他三岁就被父母遗弃，幸亏被竟陵龙盖寺的智积禅师收养，自此与智积禅师结下不解之缘。禅师教授他煮茶之道，并为他赐名陆羽。陆羽离开龙盖寺后，辗转游历四方，陆羽爱茶，在游历期间考察搜集了大量第一手有关茶叶的资料，并积累了丰富的泉水品鉴经验。陆羽游历到江南时，结交了忘年之交诗僧皎然，在他的帮助下，陆羽开始整理茶事资料，进行《茶经》的撰写。

一之源　二之具　三之造　四之器　五之煮

◎ 煮茶图（局部） 明代 王问

《茶经》

《茶经》分三卷，共 7000 余字，是对唐代以及唐以前的茶叶相关知识和实践经验的系统性总结，涵盖了茶叶的种植、产地、品鉴、历史，饮茶器具，茶艺等方方面面，堪称茶叶百科全书。《茶经》一经问世即风行天下。《新唐书》中说《茶经》面世之后“天下益知饮茶矣”。当时的茶商甚至供奉陆羽的陶像，将他奉为茶神。

六之饮 七之事 八之出 九之略 十之图

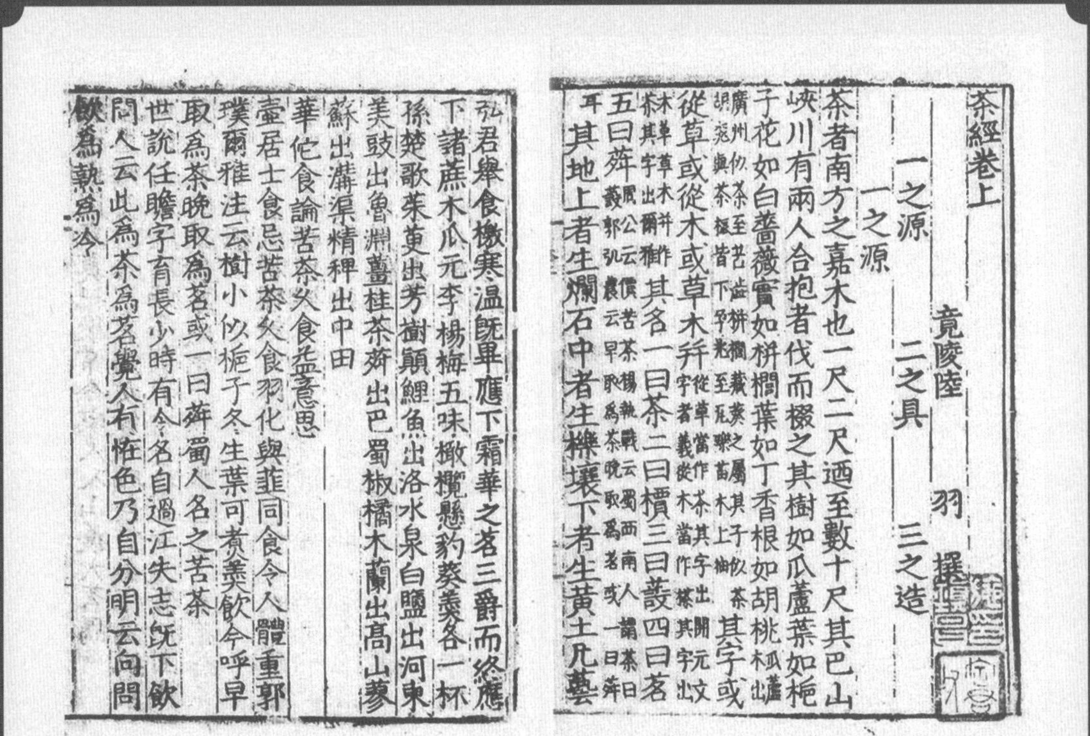
茶經卷上

竟陵陸羽撰

一之源 二之具 三之造

一之源

茶者南方之嘉木也一尺二尺迺至數十尺其巴山峽川有兩人合抱者伐而掇之其樹如瓜蘆葉如梔子花如白薔薇實如栟櫚葉如丁香根如胡桃（瓜蘆木出廣州似茶至苦澀栟櫚蒲葵之屬其子似茶胡桃與茶根皆下孕兆至瓦礫苗木上抽）其字或從草或從木或草木幷（從草當作茶其字出開元文字音義從木當作𣗪其字出本草草木幷作荼其字出爾雅）其名一曰茶二曰檟三曰蔎四曰茗五曰荈（周公云檟苦荼楊執戟云蜀西南人謂茶曰蔎郭弘農云早取爲茶晚取爲茗或一曰荈耳）其地上者生爛石中者生櫟壤下者生黃土凡藝

弘君舉食檄寒溫既畢應下霜華之茗三爵而終應下諸蔗木瓜元李楊梅五味橄欖懸豹葵羹各一杯

孫楚歌茱萸出芳樹顛鯉魚出洛水泉白鹽出河東美豉出魯淵薑桂茶荈出巴蜀椒橘木蘭出高山蓼蘇出溝渠精稗出中田

華佗食論苦茶久食益意思

壺居士食忌苦茶久食羽化與韭同食令人體重

郭璞爾雅注云樹小似梔子冬生葉可煮羹飲今呼早取爲茶晚取爲茗或一曰荈蜀人名之苦茶

世說任瞻字育長少時有令名自過江失志既下飲問人云此爲茶爲茗覺人有怪色乃自分明云向問飲爲熱爲冷

◎《茶经》（三卷） 唐代 陆羽撰 明弘治间刻本

饮中八仙图　明代　佚名　立轴绢本

酒

官酿

坊酿

家酿

唐代酿酒系统有三种，分别是官酿、坊酿和家酿。官酿制造的酒主要是御用或公务使用，坊酿的酒主要用于商品销售，而家酿顾名思义就是百姓自酿酒。

唐朝的酒有米酒、配制酒以及果酒等，其中米酒产量最大，也是唐朝人饮用最多的一种酒。有个成语叫“灯红酒绿”，限于当时酿酒技术和环境，在酿造过程中难免会混入大量微生物，因此唐代的米酒多为绿色。唐代米酒甘甜浓稠，酒精含量不高，也难怪酒量好的人都是“千杯不醉”了。除了基本款米酒，唐朝人对酒的口味还有新的追求，他们在米酒中加入一些药材、香料，配制成滋补养生的药酒或时令酒，还用葡萄来酿葡萄酒。据传，当年唐太宗也亲自参与了葡萄酒酿造的改良，酿造出了高度数的葡萄酒。

◎ 神骏图（局部） 唐代 韩幹

米酒

配制酒

果酒

饮中八仙

唐代社会风气开放包容，极富个性又才华横溢的名人层出不穷。其中有八位名人都有个共同的爱好——酒，世人将这八个嗜酒的唐代名人并称为“饮中八仙”，他们分别是李白、贺知章、李适之、汝阳王李琎、崔宗之、张旭、焦遂。

李白嗜酒千古闻名，他的惊世诗才似乎也总与酒联系在一起，他自称“兴酣落笔摇五岳”，杜甫也曾写诗赞他：“李白斗酒诗百篇，长安市上酒家眠。天子呼来不上船，自称臣是酒中仙。”无论在人生的哪个阶段，“酒”都是诗仙李白身上难以磨灭的重要标签。

贺知章少年成名，是武则天证圣元年（695）的状元，诗文和书法都有极高的造诣。杜甫所作《饮中八仙歌》中他是第一个出场的——“知章骑马似乘船，眼花落井水底眠”，鲜活诙谐地刻画出了贺知章的醉态。

李适之是太宗的曾孙，皇家宗室，曾官拜宰相。他有着很强的政治才能，进入仕途后，政绩优秀，深得人心，但因朝内党争失败牵连，最终服毒自尽。李适之爱酒且酒量极好，可以饮酒一斗而不醉。晚上宴请彻夜豪饮后第二天照常处理公务，是不折不扣的酒仙了。

天子呼来不上船，自称臣是酒中仙。
张旭三杯草圣传，脱帽露顶王公前，挥毫落纸如云烟。
焦遂五斗方卓然，高谈雄辩惊四筵。

——唐·杜甫

饮中八仙歌

知章骑马似乘船，眼花落井水底眠。
汝阳三斗始朝天，道逢麴车口流涎，恨不移封向酒泉。
左相日兴费万钱，饮如长鲸吸百川，衔杯乐圣称世贤。
宗之潇洒美少年，举觞白眼望青天，皎如玉树临风前。
苏晋长斋绣佛前，醉中往往爱逃禅。

汝阳王李琎也是皇室子孙，还是睿宗的嫡孙，不仅身份高贵还姿容俊美，号称唐代皇族第一美男，连玄宗皇帝都要称赞他“非人间人”，亲切地叫他“花奴”。李琎平生最大的嗜好就是酒，自封酿部尚书，“道逢麴车口流涎，恨不移封向酒泉”，足见他对酒的迷恋。

崔宗之和苏晋都是当时的名士，崔宗之风流英俊，潇洒倜傥，苏晋少年早慧，八岁能文。二人都有恣意挥洒的名士风格，一遇到酒，都是不能自持、无所顾忌的豪放派。

张旭是唐代极负盛名的书法家，尤善草书，被称为“草圣”。他爱酒嗜酒，世称“张颠”。据说他三杯酒醉后“号呼狂走。索笔挥洒，变化无穷，如有神助”。一幅幅绝伦的草书作品，就这样借着酒兴从他的笔下流泻而成。

焦遂与前面七位相比，没有显赫的背景和惊人的才情，只是一介平民。他是其他“七仙”的酒友，他酒量奇佳，喝一斗也不会醉，喝五斗才“方有醉意”。醉酒之后，才思敏捷，雄辩滔滔，震惊四座。

◎ 古贤诗意图卷　明代　金琮书　杜堇画　纸本墨笔　北京故宫博物院藏

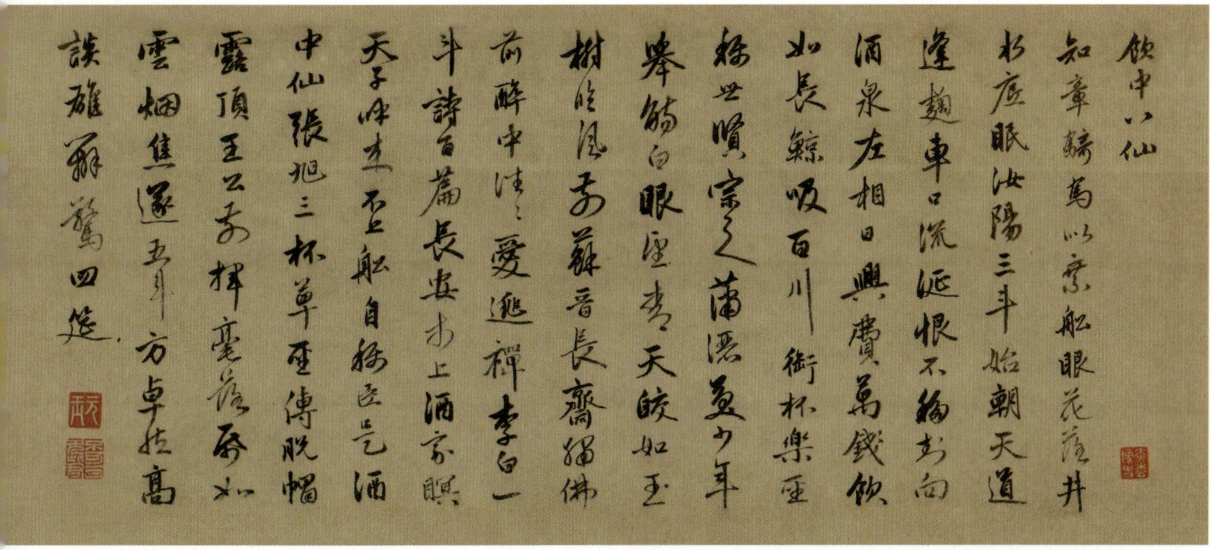

巳時

巳时 / 虞世南 字

9:00-11:00

第六章

巳时，隅中，他乡客

巳时（9:00—11:00），长安城上的太阳越升越高，皇城之中的城禁越来越森严。有一位样貌颇带异域特色的官员，在进入朱雀门后，却并不直接沿天街往宫里去，而是向左进入了鸿胪寺中。穿过几重院落，靠近客馆时，便听到有读书声传来。对这种声音他并不陌生，他曾在这里居住了许多年，每逢大节，国子监休息不上课，留学生们便在客馆中用功，毫不懈怠。

这些学生都是各国选拔出来的最优秀的学子，在来到长安之前，就已经受过本国层层的考验。他们经历了多番辗转，不远万里而来，这个王朝以它海纳百川、兼收并蓄的气度收容了他们，朝廷给他们提供了最好的食宿条件与日常用品，还有这座王城恢宏壮丽的气度，都让他们觉得惊奇、兴奋与震撼。同时，面对这个皇皇帝国博大精深的经史典籍、礼仪法制、科技艺术，他们也不免畏怯与茫然。

官员停在鸿胪客馆的檐廊下，看着不远处一张张年轻的面孔，很自然地就想到当年的自己。不知不觉，原来他已经来到这里十几年了。这些年，他在长安城读书，参加科考，进士及第，最终入仕做官。这些年，他常常思念自己的故土，但大唐长安也同样一日又一日，融入他的血脉中，成为第二个故乡。

这是大唐，他们在长安。

八方来朝

· 鸿胪寺

· 四方馆

· 留学生

· 留学僧

· 昆仑奴

鸿胪寺

朝贡之仪
享宴之数
高下之等
往来之命

鸿胪寺

鸿胪寺为九寺之一，是专职的外交机构，专门管理番客。设有两署：典客署，掌管外事接待；司仪署，负责凶丧之仪。鸿胪寺常设官员有鸿胪卿和鸿胪少卿等，为官者有汉族，也有少数民族，如玄宗时期的鸿胪卿哥舒翰就是突骑施人。诸番派往唐朝的使者，有朝贡、和亲、告哀、求请、贸易、献捷等目的，鸿胪寺在接待他们时主要负责“朝贡之仪，享宴之数，高下之等，往来之命”等具体事务。对“四方夷狄君长朝见者”，根据其声望、地位和亲疏关系，按不同规格接待；凡承袭者，辨其嫡庶，研究其承袭利害关系，上报尚书省；负责到宾客的住地——四方馆了解宾客所在国家或地区的山川气候、风土人情，写成详细的报告，上报尚书省兵部职方司；负责清点外使朝贡之物，估其价值，列出相应的回赐物品、数量，上报尚书省礼部主客司。

四方馆

·承天门街之西
·宫城之南
·第二横街之北

四方馆

四方馆是唐初沿袭隋制设置的接待周边国家和地区来唐使者的机构。位于“承天门街之西，宫城之南，第二横街之北”，紧邻中书省，也受鸿胪寺管辖。

主要职责是接待四方使者，即东夷使者、南蛮使者、西戎使者、北狄使者，还负责互市、贸易等方面的事宜。长官通事舍人，掌通奏、引纳、辞见、承旨、宣劳诸事，大都以思维清楚、反应敏捷、能言善辩者任之。贞观二十年(646)，唐军北伐薛延陀时，萧嗣业就是以通事舍人的身份从征的。

随着鸿胪寺地位的提高，四方馆的职能渐趋单一，成为仅供使者休息、住宿的场所。

◎《诗歌写真镜》系列——阿倍仲麻吕　日本　葛饰北斋

留学生

唐朝时，日本、新罗、百济、高句丽、尼婆罗、天竺、林邑、真腊、诃陵、骠国和狮子国等周边国家均不断派遣大批学生留学长安，学习中国的经、史、法律、礼制、文学和技术。

这些留学生要赴唐留学，得先通过本国严格的筛选，还必须经由官方向唐朝礼部提出申请，获批后方可成行。而后他们随使节团一同前往长安，进入国子监学习。贞观年间，国子监六学共有学生 8000 余人，其中唐朝本国学生为 3260 人，留学生接近 5000 人。这些进入最高学府的留学生，会受到和大唐学子一样的待遇，不必缴纳学费以及食宿费用，还能得到免费的四季服装。但课程难度也和大唐学子一样，因此需要付出更大努力。

尽管如此，还是有不少人脱颖而出。阿倍仲麻吕（晁衡）就曾官至秘书监，在唐朝生活了 54 年，与诗人李白、王维结下深厚友谊。新罗的崔致远，12 岁入唐学习，18 岁宾贡进士及第，后又入仕 10 多年，他精于唐诗，在文学方面取得了极高的成就，其著作《桂苑笔耕集》是朝鲜文学的奠基之作。

◎ 抵达唐朝港口的日本遣唐使船

留学僧

留学僧大多是随日本遣唐使来到长安的。有长期留学、志在深造的学问僧，也有在本国已经有一定地位，来唐进一步研修的请益僧。入唐后，留学僧如果得到地方长官的“公验”，取得中国僧籍，待遇将会与中国僧人一样，生活费用基本由唐朝政府承担，但客居唐土不能超过九年。不过很多人并未遵守这一规定。留学僧可以自己选择求法的地点和寺院，学习内容主要是佛学，但很多人在书法、语言和音乐等方面都有所涉猎。尽管留学僧的数量不及留学生多，史籍留名的却不少，其中的佼佼者有日本佛教史上的“入唐八家”：被日本佛家称为“二圣”的空海和最澄、常晓、圆行、圆仁、惠运、圆珍、宗睿。在这些留学僧的影响下，中国佛教在日本迅速传播，到了奈良时代，三论宗、成实宗、法相宗、俱舍宗、华严宗、戒律派六个佛教宗派先后传到日本，被称为“奈良六宗”，又称“南都六宗”。

入唐八家

空海
最澄
常晓
圆行
圆仁
惠运
圆珍
宗睿

奈良六宗

三论宗
成实宗
法相宗
俱舍宗
华严宗
戒律派

昆仑奴

“昆仑家住海中州，蛮客将来汉地游。言语解教秦吉了，波涛初过郁林洲。金环欲落曾穿耳，螺髻长卷不裹头。自爱肌肤黑如漆，行时半脱木棉裘。”张籍的这首《昆仑儿》形象地描绘出唐代昆仑奴的样貌特点。

这些昆仑奴中的大部分来自南洋地区，有些是作为年贡被送到长安的，有的被掠卖到沿海或内地，还有些是跟随东南亚或南亚使节入华，被遗留下来的。另有少部分昆仑奴是随阿拉伯人来华的非洲黑人。他们性情温良，踏实耿直，作为官私奴婢，主要工作是看门、守夜、挑水、送饭、充当随从等。因为精通水性，还经常从事水手、修船一类的手工业劳动。不过因为昆仑奴数量较少，只有一些社会地位很高的人才用得起。

昆仑奴

看门、守夜、挑水、送饭、充当随从，水手、修船……

大唐外交

“天可汗”

唐代，国势强盛，与边疆各番国政治关系稳定，各民族尊唐朝皇帝为“天可汗”。这不仅仅是一个大而空的荣誉称谓，还代表一种实质性的政治联盟体系。这一体系存在了137年，其中以贞观四年至显庆年间，最为荣耀。

贞观年间，太宗奉行“海纳百川、自服四夷”的外交方针，使政权威望得到极大提高。东突厥被歼灭后，东北地区部族和西域各小国纷纷要求归唐；逃到高昌的突厥人，听说唐朝优待归降者，便重又回来归唐。这些怀柔政策开明友善，促进了各民族的共生共融。630年3月，四夷君长来到长安，尊奉唐太宗为各族共同的首领“天可汗”。太宗晚年曾得意地说：“自古帝王虽平定中夏，不能服戎狄，朕才不逮古人而成功过之。”除唐太宗外，唐高宗、武则天、唐中宗、唐睿宗、唐玄宗也曾被称为“天可汗”。

王玄策

贞观十七年（643）到显庆二年（657），唐朝官员王玄策作为敕使三次出使天竺（印度），开拓了从西藏通向印度的路线。

王玄策第一次是作为副使，跟随李义表出使天竺的。第二次前往天竺时，天竺国王阿罗那顺派军队劫掠使团，王玄策调吐蕃兵、泥婆罗兵击败中天竺，既维护了大唐的权威和尊严，也没有影响两国的交往，留下了“一人灭一国”的传奇。此次出访，他还将译成梵文的《道德经》送给东天竺迦摩缕波国童子王，促进了道教在印度的传播和影响。数度出使之后，王玄策将见闻整

◎ 文成公主进藏图　西藏拉萨布达拉宫藏

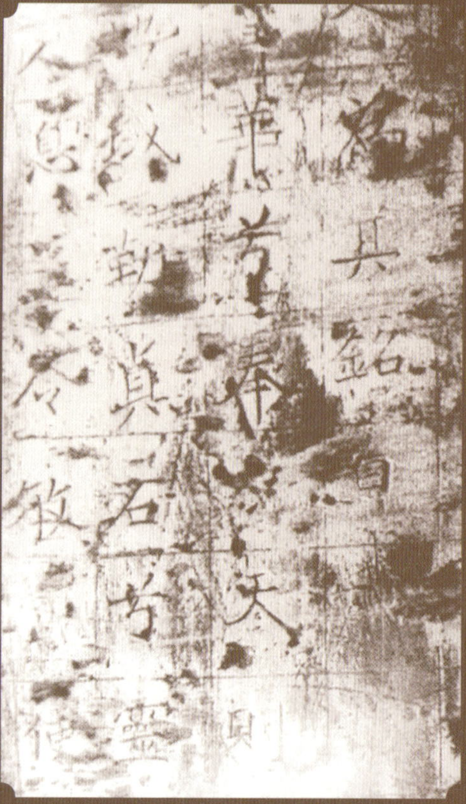

◎ 大唐天竺使出铭（局部）

唐显庆三年（658）一方题铭，文中记述了唐代使节王玄策出使天竺，途中经过吉隆的过程。

◎ 松赞干布像

藏拉萨大昭寺

◎ 文成公主像　西藏拉萨大昭寺

贵题铭对进一步研究古代唐蕃、中外关系等问题，具有极为重要的意义和价值。

理成《中天竺行记》，详尽介绍五天竺诸国的情状，当时极受重视，官府依之修撰《西国志》，可惜两书完本均已失却，只余下《法苑珠林》《解迦方志》等散佚残篇。

除此之外，王玄策还从印度引进制糖工艺，对唐代经济产生了积极影响；把炼金术传到了印度，促进了印度中世纪化学的发展。

文成公主

唐朝与各民族融合交流频繁，为维护边疆稳定，常遣公主出长安和亲，在200多年时间里，有10多位公主远嫁异乡，她们的和亲经历被后世反复吟咏，留下了既悲且怨、神秘而又复杂的形象。

在众多公主中，文成公主是最为人熟知的一位。太宗时，唐与吐蕃烽烟再起，文成公主不得已远嫁吐蕃第33任赞普松赞干布。从长安前往拉萨的路途，“行空荒二千里，盛夏降霜，乏水草，土糜冰，马秣雪”，十分艰辛。作为和平使者，她给吐蕃带去了“经史子集三百六，还有种种金玉饰……如此工艺六十法，四百又四医方药”等先进文化和技术，促进了吐蕃各方面的快速发展。

对于唐朝而言，她是安边的使者。在文成公主的努力下，唐与吐蕃在一定时期内建立了盟友关系，吐蕃为唐王朝的边疆稳定发挥了重要的作用。

文成公主去世后，唐蕃关系一度恶化。直到金城公主入藏，友好关系才又渐次恢复。

金城公主

中宗时，金城公主嫁给吐蕃赞普赤德祖赞，使唐王朝的和亲之策得以延续。“卤簿山河暗，琵琶道路长。回瞻父母国，日出在东方”，公主的和亲之路漫长且不得归。不过同文成公主一样，金城公主对维护唐与吐蕃之间的和平也贡献卓著。可以说文成公主开启了唐蕃友好之端，金城公主修复并巩固了这段关系。嫁入吐蕃后，金城公主成为一名出色的政治家，每当唐与吐蕃之间发生战争，她都会居中调停，“上书求听修好，且言赞普君臣欲与天子共署誓刻”，减少了双方的损失。在她的努力之下，唐与吐蕃在赤岭立碑，“二国和好，无相侵暴”，唐蕃关系在一段时期内得到改善，双方的摩擦和冲突明显减少。不过，金城公主也有普通的女性的喜怒哀乐，当自己的孩子被抢走时“泣涕哀求，悲伤号呼”，悲痛欲绝，尽管最终母子相认，但因备受煎熬，很快便离世了。

吐谷浑

吐谷浑，亦称吐浑，大约位于今天甘肃南部和青海北部地区，国人以鲜卑人、羌人为主。丝绸之路的青海道从吐谷浑境内穿过，占据此处，便扼住了吐蕃向外扩张的咽喉要道，加上自然资源丰富，是上等的军用马匹来源地。对中原地区的唐政权来说，其地理位置十分重要。

唐初，高祖遣李安远出使吐谷浑，吐谷浑也请求与唐互市。东突厥灭亡后，吐谷浑渐趋强大，多次侵入河西走廊，阻绝中原与西北边疆的往来，使丝绸之路不畅，并成为唐进攻西突厥的主要障碍。贞观年间，太宗派李靖等大将率唐军将其平定，可汗慕容顺归降，被立为西平郡王。此后，吐谷浑采取亲唐的政策，唐亦将弘化公主嫁与慕容顺之子诺曷钵，并时时派兵援助。高宗龙朔三年（663），向北扩张的吐蕃进入河源地区，灭了吐谷浑，可汗诺曷钵被迫与弘化公主率数千帐内迁，受唐庇护。

◎ 吐蕃装婚嫁图　唐代　榆林窟第 25 窟

日本

唐代时，日本正处于大和时代后期，奈良时代和平安时代前期，是其快速发展的历史时期。当时的日本折服于大唐之威，全面向唐帝国学习。

贞观四年(630)至开成三年(838)的两百余年间，日本十多次派出“遣唐使”，他们与留学生、留学僧、医师、画师、各行工匠等，一同渡海而来，在大唐游学。这些使者归国之后，为日本带去了唐朝的艺术、技术、文化、医药、制度等方面的先进理念和信息，以及各类文物典籍。中国的鉴真还应日本留学僧请求先后六次东渡，弘传佛法，促进了两国文化的传播与交流。与此同时，两国之间贸易往来也很繁盛，日本大量出土唐货币“开元通宝”，中国境内也发现了日本银币“和同开珎”便是佐证。

◎ 五弦琵琶　唐代　日本奈良正仓院藏

经过遣唐使们的实地学习、商人的频繁往来、大唐高僧的出使，大唐和日本得以充分交流，日本更是在各个领域向大唐看齐：在制度上实现了“大化革新”；融合唐文化，发展出盛极一时的“天平文化”；吸收中国佛教思想，开创奈良六宗；衣食住行均仿照唐朝行事。这一系列革新，推动了日本政治、经济、文化、教育各方面迈向繁荣，日本也被深深地打上了唐文化的烙印。

◎ 最澄像　平安时代　日本京都一乘寺藏

◎ 沙羯罗像　奈良时代　日本兴福寺藏

◎ 阿修罗像　奈良时代　日本兴福寺藏

天竺

天竺是唐朝时对印度次大陆诸国的统称。唐初几十年，双方交往十分频繁。天竺诸国数次通过官方派使节来唐，献上郁金香、菩提树、五色能言鹦鹉等珍稀物品，唐太宗也遣王玄策等使者前往天竺，游历交流，引进制糖等方面的先进工艺。

商人们则通过丝绸之路，给唐帝国带来香料、毛织品、宝石、药材、服饰、琉璃、宗教器物，也把中国的丝绸、纸张、瓷器、竹器、漆器、金银器、茶叶、桃、梨、杏等物品销往天竺。

永徽五年（654），高僧玄照从印度求法归来，取道尼泊尔、西藏回国，开辟了经由我国西藏到达印度的捷径。此后，赴印求法的唐朝高僧和来唐弘法的印度高僧往来不绝，以玄奘、义净等为代表的西行求法僧侣共 52 人，印度来华的高僧 16 人。这些人带来大量的佛教文献，使佛教在中国发扬光大。同时，中国的道教文化也随使者传播到印度，对印度产生了一定程度的影响。

波斯

波斯历史源远流长，曾经是一个地跨亚、非、欧三大洲的庞大帝国，在其强盛之时与中国时有交往。唐朝建立不久，波斯萨珊王朝便受到来自阿拉伯半岛的大食人的进攻。于是，在 639 年、647 年、648 年连续遣使入唐，请求援助。

但最终萨珊王朝还是被大食击败，国王伊嗣俟之子卑路斯 654 年遣使入唐告难并请兵救援，不过其时唐朝无力出兵。661 年，卑路斯再次遣使赴唐，请兵救援，唐于卑路斯所在的疾陵城设波斯都督府，任命卑路斯为波斯都督府都督。其间，曾两次遣使

◎ **阿基寺壁画　11 世纪**

阿基寺壁画的克什米尔风格，实际混合了印度与波斯艺术的风格特征，其中主要是犍陀罗佛教艺术风格与波斯艺术的结合。

入贡于唐。674 年，在大食的侵逼下，卑路斯无法在西域立足，逃入长安，最后客死中土。

卑路斯去世后其子泥涅师师继任波斯王。679 年，唐高宗以册送泥涅师师为名，袭击西突厥余部与吐蕃的联合军事力量。泥涅师师在吐火罗地区坚持与大食作战 20 余年，到 708 年又回到唐朝，被授予左威卫将军称号，不久后即病死于长安。唐朝这才认为“其国遂灭”。

◎ 波斯雕塑

高句丽

高句丽唐初为中原王朝属国，接受唐朝册封。贞观十五年（631），高句丽与突厥结盟。贞观十七年（643）与百济联合，进攻唐朝附属国新罗，欲断绝新罗通向唐朝的道路。于是李世民派人出使，命高句丽停止战争，但遭实际掌权者盖苏文拒绝。此时的高句丽，实力很强，对唐朝构成了很大威胁。

为去除隐患，唐太宗于贞观十九年（645）亲征高句丽，他认为“今天下大定，唯辽东未宾，后嗣因士马盛强，谋臣导以征讨，丧乱方始，朕故自取之，不遗后世忧也”。此后，在长达 24 年的时间里，唐朝不断讨伐高句丽，付出了巨大代价，到高宗总章元年（668）最终将其灭亡。

平高句丽后，唐分其境为九都督府、四十二州、一百县，并于平壤设安东都护府以统之，任命右威卫大将军薛仁贵为检校安东都护，领兵 2 万镇守其地。国王宝藏王被俘，高句丽灭亡。据《资治通鉴》记载，高句丽贵族及大部分富户与数十万百姓被迁入中原各地，融入各民族中。另有部分留在辽东，成为渤海国的臣民，其余小部分则融入突厥及新罗。

◎ 东北亚艺术宝库——集安高句丽壁画墓

集安古墓壁画完成于公元 3 年至公元 427 年，高句丽迁都平壤之前。集安古墓壁画，由于高句丽迁都平壤、战乱和封禁，长达 1500 多年一直埋没在乱石荒草之中，直到 1949 年新中国成立之后，我国考古工作者才对集安壁画认进行了真清理和保护。

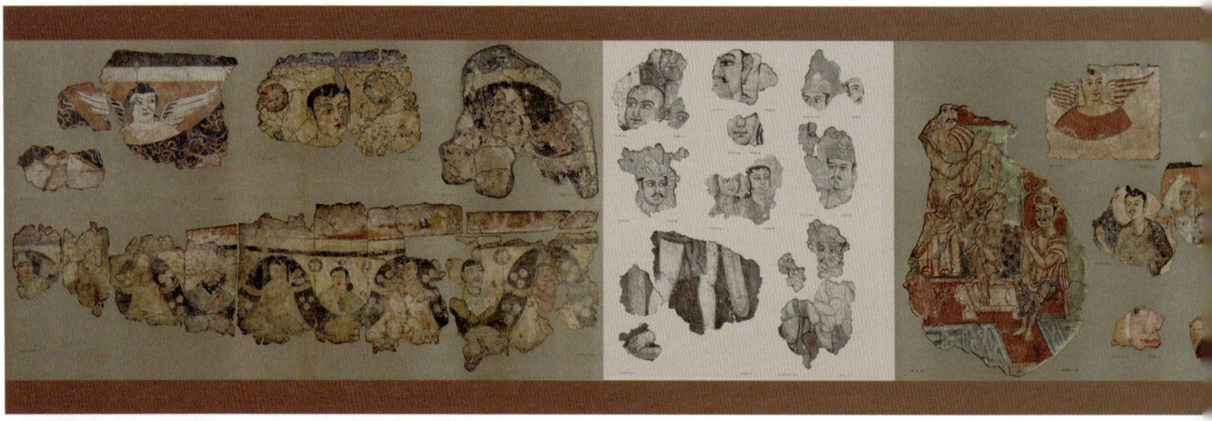

龟兹

龟兹是唐时西域的大国，是东西往来的必经之地。

无论是印度和欧洲的僧侣、传教士还是西域商人，要进入中国，首先得抵达龟兹。龟兹因此成为佛教、伊斯兰教的西来初地；犍陀罗、笈多乃至伊斯兰的艺术风格先后经由这里传向中原；佛图澄、鸠摩罗什等高僧从这里走出，为中国翻译了第一批佛教经典。

唐初，龟兹虽附属于突厥，但时常与唐朝往来。贞观十八年（644），唐太宗讨伐焉耆，龟兹与焉耆结盟抵抗唐军。太宗非常恼怒，遂命昆丘道行军大总管阿史那社尔率兵进攻龟兹。经过激烈交战，第二年，龟兹国王被俘，西域各族均被震慑，西突厥、于阗、安国争先恐后地给唐军送去驼马军粮。经过几度征讨，唐王朝最终完全收服龟兹，将安西都护府迁至龟兹都城，下设龟兹、于阗、焉耆、疏勒四镇，龟兹开始成为唐朝统治西域的中心。因此，龟兹王城又被称作安西城。

“安史之乱”时，龟兹国王派精兵援唐，每逢大战势必为唐军先锋，最终助其平定叛乱，度过亡国危机。然而就在龟兹全力援助唐王朝，国内空虚之时，吐蕃大举入侵，攻占了龟兹。不久，回鹘击败吐蕃，龟兹被纳入回鹘民族的统治之下，逐渐被回鹘人同化。

◎ **流失海外的克孜尔石窟壁画复原图**

克孜尔石窟位于新疆维吾尔自治区拜城县克孜尔乡东南 7 公里的木扎提河北岸却
方米，以及少量的彩绘泥塑遗迹，是龟兹石窟的典型代表。

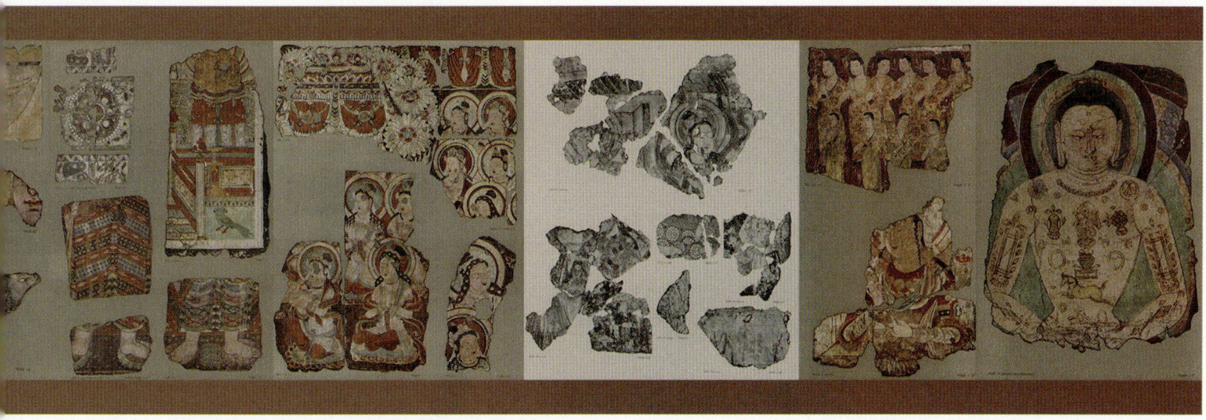

◎ 斯坦因在中亚古寺遗址发现的壁画 Wall Paintings from Ancient Shrines in Central Asia. 卷 02. 图版 By Fred H. Andrews. 编 英文版 .1948 年

格山对面的明屋塔格山断崖上。克孜尔石窟现存洞窟 339 个，壁画近 4000 平

大食

唐时称阿拉伯地区为“大食”。公元 7 世纪，大唐与大食（阿拉伯帝国）是名副其实的世界超级大国，两大帝国的社会、经济、文化均高度发达，商贸交往十分频繁。

阿拉伯人穿过大漠荒原，通过丝绸之路把中国的丝绸、瓷器、铁器、镍、漆器和农产品等运到中亚、西亚直到罗马；同时，又将中亚、西亚的毛织品、玻璃、宝石、玛瑙、香料、药材和化妆品以及葡萄、苜蓿、蚕豆、石榴、番红花、芝麻和黄瓜等贩运到中国的长安。《太平广记》记载，长安西市有“波斯邸”和“波斯店”，这些波斯邸、波斯店中存放有大量现金，是大食商人在唐贸易的集中据点。

唐永徽二年 (651) 八月，大食国第三任哈里发奥斯曼“始遣使朝贡”，见唐高宗。此后 147 年间，大食共向唐遣使 39 次。朝贡的团队其实也是一个大商队，朝贡使沿着“丝绸之路”上的集市和“香料之路”上的码头，一路贸易，抵达长安，得到丰厚的“回赐”后，再将这些回赐转运至波斯湾、欧洲以及非洲。由于获利巨丰，大食哈里发和商人们对于朝贡乐此不疲。

这一贸易链条一直持续至 1258 年阿拔斯王朝被蒙古人所灭之时，大食与中国之间的朝贡贸易才转入萧条。

午時

午时 / 褚遂良 字

11:00-13:00

第七章 午时，日中，西市胡

午时（11:00—13:00），太阳升于正空，此时是长安城一天之中最明亮的时刻。同这热烈的时辰相应，城西某处正沸反盈天地热闹着，喧闹之声隔着几个坊都能听得见。此处便是大唐西市，此时，胡商们正集结约市，互相交易自己手里的货物。

这些货物是同他们一起从家乡远道而来。他们曾长久地在自己的家乡听闻大唐这个遥远而富庶的王朝的种种传说，起初他们也会觉得不真实，但从东方归来的人们带回的丰厚财富不断地印证了传说的真实，刺激着他们的感官，消弭着他们的犹疑，最终使他们战胜了对未知的恐惧，踏上了遥远的丝绸之路。而他们在路途中经历的所有艰险和困顿，都在最终抵达后得到了报偿。没有哪个商人会不喜欢大唐西市这个世界级的贸易广场，和它所在的王朝。

他们带来的珠宝、香料与食物，将西市点缀得更加五彩斑斓，他们又从这里带回东方的丝绸、茶叶、瓷器。他们让丰盛的长安更加丰盛，也让这座拥有无限可能的王都拥有着更多的可能。还有和他们一同前来的西域女子，她们将遥远西域的神秘与绮丽带入了宏丽典雅的长安城，她们面目浓丽，能歌善舞，风情万种，随意往胡商开的酒店门前一站，就引得长安城中的人们眼花缭乱，尤其当葡萄酒的甜香飘入鼻息，人们便更加难以自持，纷纷笑入胡姬酒肆中。

这是大唐，他们在长安。

大唐商贸

大唐西市

大唐西市指位于唐长安城西南方，占地约 1600 亩的贸易集群地，此地贸易始自隋开皇元年（581），兴盛于唐。大唐西市是当时占地面积最大、业态最发达、辐射面最广的世界贸易中心，贸易往来范围西至罗马，东至高句丽，声名远播世界。此外长安城中还有东市、中市和南市等贸易场所。

食店

食店即为“点心店”“小吃店”“饮食店”。其食物供应类型与今日我国“小吃店”“快食店”供应的食物类型相似，皆为物美价廉的解饱“快餐”。作为唐长安城中商业化程度最高的市场，大唐西市的食店种类繁多，虽然以北方食物与胡食为主，但因为唐朝整体国力强盛，各地经济高度发展，因此，由各地至长安进行贸易的商人也络绎不绝，他们在长安城驻留期间，多有开食店者，进一步多样化了食店的种类。从内部管理方式来看，食店厨灶俱全，配备经过专业训练的服务人员，可以说已经与现代酒店规制非常相似了。

酒肆

酒肆虽有酒字，实为酒店、饭店的前身，在唐朝，酒肆主要是商贾贵人饮宴的场所，与食店相比更为正式。酒肆在盛唐时期变得异常繁荣，逐渐由原来酒肆的基本功能演化出了分类更细化、设施更全面和分工更专业的“主题酒店”，如专供酒水的酒类直卖店，喝茶饮酒的休闲式酒肆，以贩卖肉类食品为主要业务的包子酒肆，装潢如达官贵人府邸的宅子酒肆，等等。就经营风格而言，与食店相似，酒肆因为不同地域文化的影响，类型多样，不可尽数，光是唐长安城内就有百种之多。

绢行

盛唐时期安全、平和、自由的社会氛围，使唐代社会风气逐渐向华丽张扬发展，这样的氛围，对衣物产品从原材料到设计生产都提出了非常高的要求。华丽的服饰需要大量的布料进行修饰，所以唐朝绢行也非常发达，其生产的绢帛等丝织品不但物美价廉，且极具设计感。唐朝中期，行业中还出现了“行头”，专门负责配合政府维持市场秩序，同

时充当各行业工会的作用。这样的机构更好地保护了业内的贸易环境，一定程度上保护了丝绸之路上丝绸绢帛等物品的进出口贸易，促进了唐代衣料制品行业的发展。

药行

在唐代，“行”也可以当作“同业商店集中的街区”理解，所以药行在唐代并不止一家药店，而是一系列药肆的总称。唐长安城中药肆数量很多，药材贸易范围也极广，来自各地的药物在长安城的药肆中都能见到。长安药肆多汇集于东、西两市，开药肆的不只有汉人，还有许多番邦人士，他们的加入为当代医疗事业的发展贡献了极大的力量。

相传，长安的药肆也是当时能人异士时常光顾的地方。《太平广记》记载，当时的宰相刘宴就常常混迹于市肆中，以期偶遇奇人异士。在拥有各种有趣的传说的同时，长安的药肆也常常出现在当时诗人的诗歌中。白居易的《城盐州》里就写道：“灵夏潜安谁复辨，秦原暗通何处见。都州驿路好马来，长安药肆黄蓍贱。”

珠宝店

唐代的珠宝店又叫“银楼”，是当时生产金银首饰器皿并从事交易的商店。当时工艺技艺最好的汉人首饰工匠都在南方，据传说，公元 741 年，唐朝开闽第一进士薛令之不满奸相李林甫专权，携子辞官返乡。他的浩然正气折服朝野，数名宫廷银匠跟随他隐居草堂，抱瓮灌园。为解赤贫之苦，银匠们沿廉溪而下，辗转于长溪畔打银谋生，使得大量宫廷制宝技艺得以在民间流传发展。

随着长安城三市贸易能力的不断增强，大量珠宝银器工匠前来探寻发展机会，长安城中珠宝店林立，店内产品设计精美，艺术风格在保留中原文化特点的同时，又能吸收域外的新鲜特色，所生产金银玉器之多，质地之好，风格之独特，都是过去朝代所不能比的。

胡商、胡店与胡姬

盛唐时期，唐朝国力强盛，在开明的文化氛围之下，唐王朝与中亚、西亚地区的文化交流达到了顶峰。在这样的时代背景之下，有一群来自中亚及

◎ 胡人俑　唐代

西亚诸国的商人，被东方世界丰厚的利益吸引，通过丝绸之路，历尽千辛万苦来华经商。当时的长安人称他们为胡商。

唐朝社会对外来香料的需求量很大，这刺激了胡商从事香料转运业的热情，他们往往满载域外香料而来，在这里进行积年的贸易活动后，满载着中土的优质商品踏上归程。在这个过程中，胡商在中土往往会同时从事珠宝业、信贷业、香料业、餐饮业及医药业等活动，其中最具特色的是胡商从事的餐饮业。与中原的酒肆不同，胡商的酒店中有招揽客人的胡姬，她们能歌善舞、风情万种，引得唐代士人竞相光顾。还有一种有趣的说法称，唐代所盛行的“以胖为美”的风潮，可能就是这些胡姬引领的，因为相对于身材稍小的汉人，她们大都体形高大，且身材丰满，引人注目，且多被写入文人骚客的诗文之中广为传播，进而引领了当时的“美丽时尚”。

◎ 胡人备马图　唐代　永泰公主墓墓道东壁

◎ 胡人呈马图（局部）　唐代　韩干

铁行

铁行在唐代充当了许多家用器具的工厂，实际上除开陶瓷器皿之外，当时唐朝已经开始盛行金属制品的使用，从农用器具到一些家用的金属工具主要都是从这里产生的。随着外来文化不断进入长安，除了金、银、铜、铁等常规金属，铁行也开始生产锡制茶具杯具。这些金属工艺的餐具用品多被送入达官巨贾之家，其中的佼佼者甚至会送入皇宫，成为贵族们的新宠。

笔行

笔行作为一个古老的行业，实际上在唐代之前就一直存在，唐代开放的文化氛围也促进了各行各业的革新，其中也包括制笔行业。日本正仓院的馆藏中，就有一种神奇的唐代鸡距毛笔，这种笔以毛和麻纸作为制笔的材料。和我们现代所流行的散卓兼毫笔毛加些许尼龙的毛笔不同，这种毛笔能大能小，行草、楷书、小楷，一笔通用，其笔力强韧，可最大化蓄墨，书写效率极高，书写时摩擦力很足，墨色仍然非常精美。

◎ 胡人遇盗图　唐代　莫高窟第 45 窟

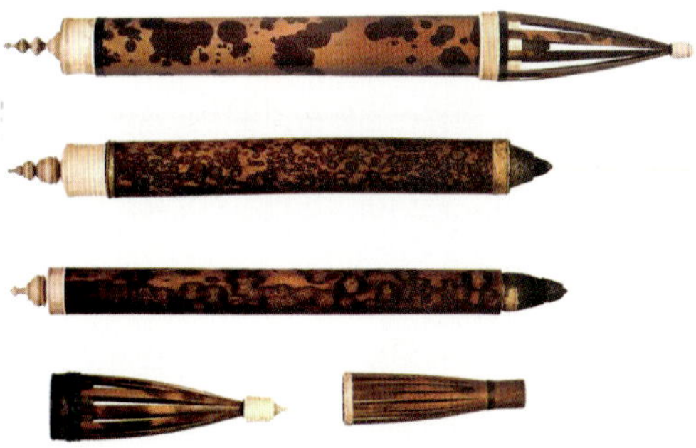

◎ 鸡距笔　唐代　日本正仓院藏

忆阌乡姜七少府设脍，戏赠长歌

姜侯设脍当严冬，昨日今日皆天风。
河冻未渔不易得，凿冰恐侵河伯宫。
饔人受鱼鲛人手，洗鱼磨刀鱼眼红。
无声细下飞碎雪，有骨已剁觜春葱。
偏劝腹腴愧年少，软炊香饭缘老翁。
落砧何曾白纸湿，放箸未觉金盘空。
新欢便饱姜侯德，清觞异味情屡极。
东归贪路自觉难，欲别上马身无力。
可怜为人好心事，于我见子真颜色。
不恨我衰子贵时，怅望且为今相忆。

——唐·杜甫

肉行

唐朝所说的肉行与今日所说农贸市场中的肉店还是有很大的不同的，根本原因是因为当时人的饮食习惯与我们现在不尽相同。唐朝的肉食以羊肉、鱼肉为主，但牛肉和鲤鱼肉禁止食用，猪肉上流社会不吃。李贺在《长平箭头歌》中写道：“左魂右魄啼肌瘦，酪瓶倒尽将羊炙。”牛肉在唐宋禁止食用，是因为当时处在农耕社会，要保护耕牛。《唐律疏仪》中规定：“诸盗官私马牛而杀者徒二年半”，“主自杀马牛者徒一年”。猪肉主要是平民食用。鱼肉在唐朝较常见，但当时的很多人吃的是鱼脍，即生鱼片。但唐朝时鲤鱼是被禁止食用的，因为鲤李同音，沾了唐朝皇帝的光，被视作国姓鱼。唐宋时鸡肉、鸭肉、鹅肉也是被食用较多的肉类，韩翃在《送丹阳刘太真》中写道：“下箸已怜鹅炙美，开笼不奈鸭媒娇。”当时，打猎得来的猎物，诸如鹿、兔子、野猪、熊，也经常出现在唐人的菜单里，所以在肉行，我们如今常见的猪肉反倒不是很多，主要的是以鱼肉、羊肉与各种野味为主的肉类。

乐器行

唐朝乐器行中所卖多为洞箫、笛子、笙、尺八、排箫，同时也有大量的番邦乐器引进，如从中亚引进的筚篥、琵琶、箜篌等乐器。这些乐器的出现大大提高了唐代音乐演奏技术的水平，使得“合奏”兴盛，大量优美的合奏乐曲进一步带动了唐代歌舞技艺的发展，使得唐朝歌舞展现出多姿多彩、百花齐放的美感。

◎ 胡乐胡舞俑 唐代 大唐西市博物馆藏

◎ 敦煌莫高窟壁画中的唐代乐器

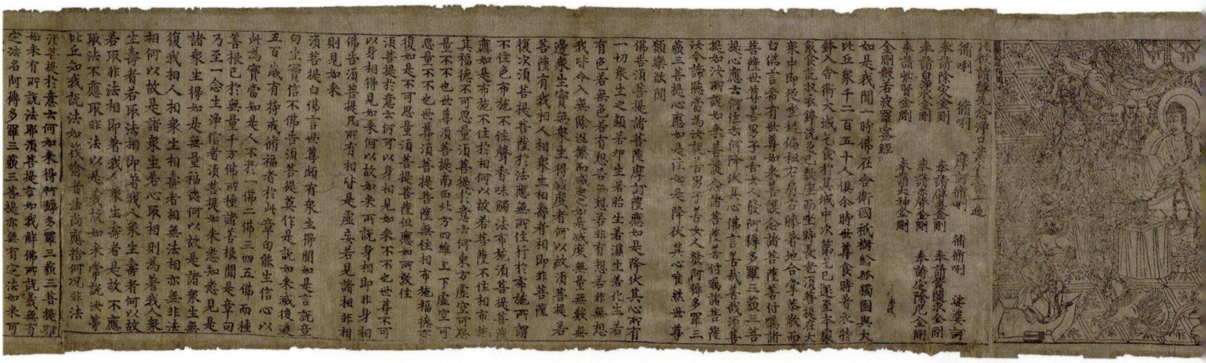

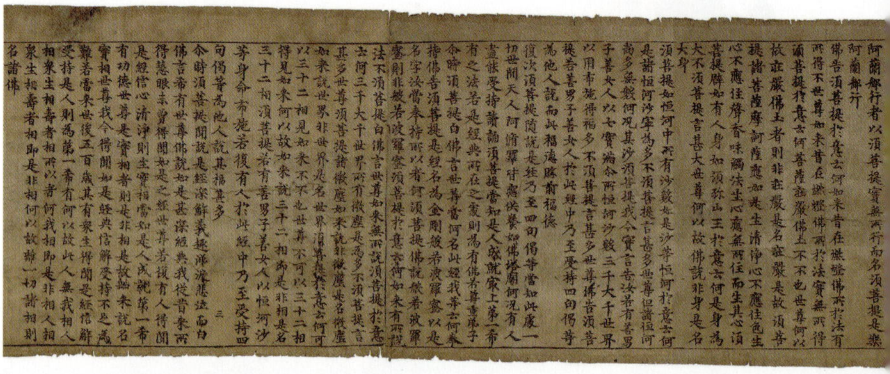

印刷行

唐代是我国印刷业的一个繁盛时期，当时雕版印刷在全国范围内推广，为后世的印刷行业奠定了坚实的基础。

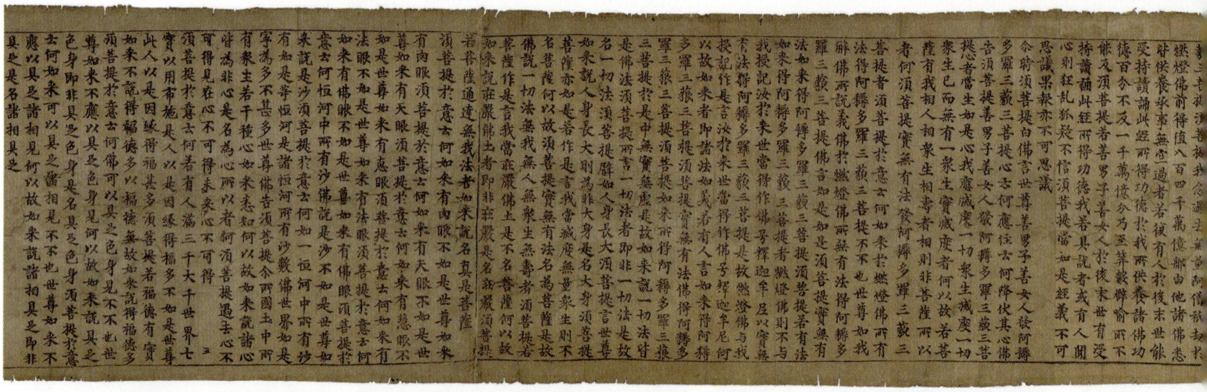

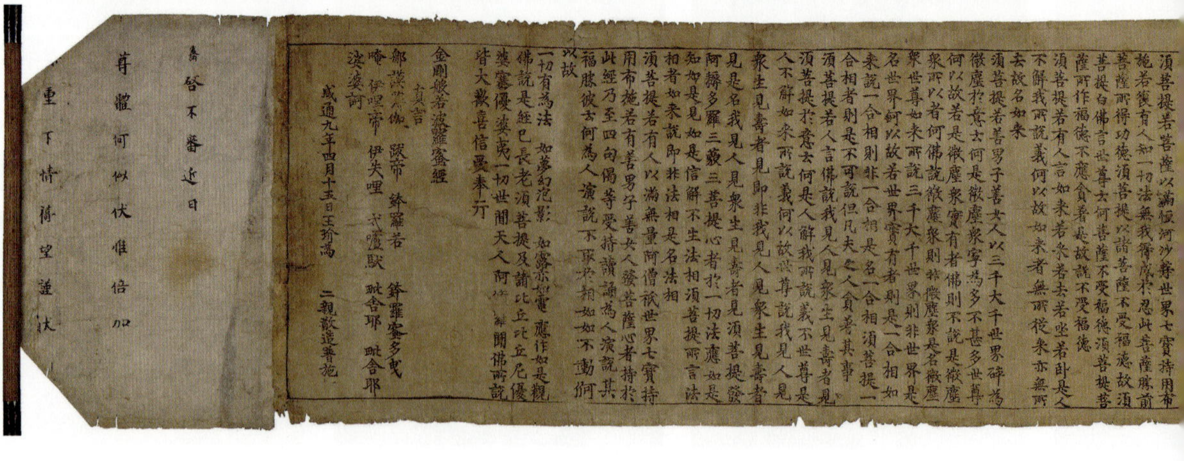

◎ 金刚般若波罗蜜经抄本　唐代　现藏大英图书馆　　至今存于世的中国早期印刷品实物中唯一的一份留有明确、完整的刻印年代的印刷品

雕版印刷工艺流程步骤

- 第一步 / 写样
- 第二步 / 上版
- 第三步 / 刻板
- 第四步 / 打空
- 第五步 / 拉线
- 第六步 / 修版
- 第七步 / 刷墨
- 第八步 / 覆纸
- 第九步 / 印刷
- 第十步 / 晾干

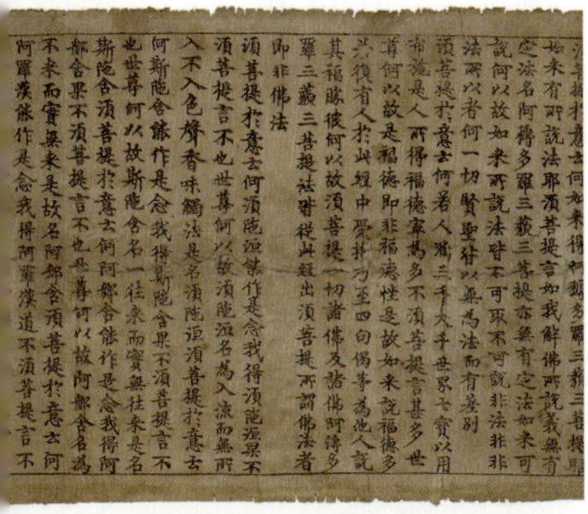

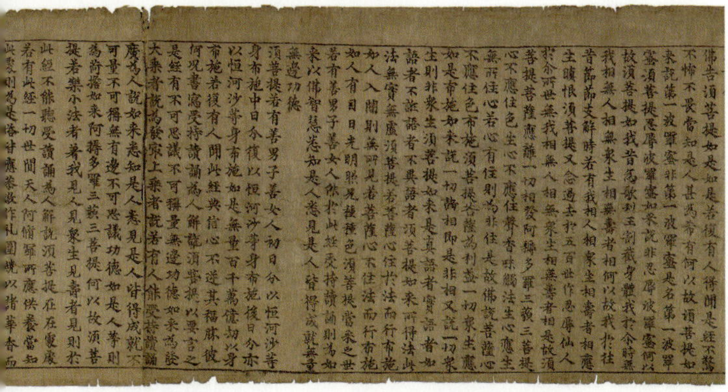

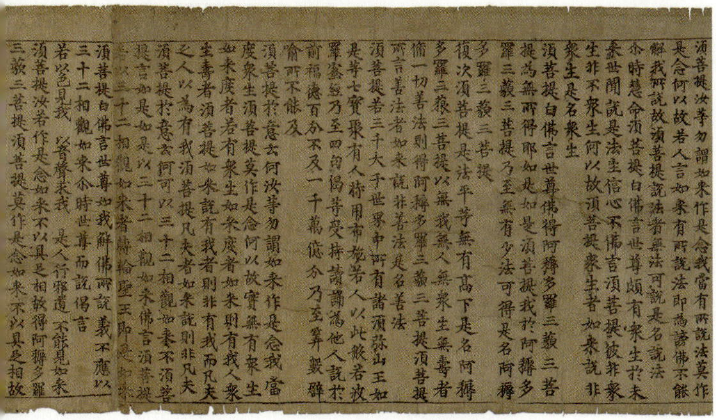

中市

中市位于长安城偏南朱雀街东安善坊及大业坊的北半部，虽然名字里有个“中”字，实际上却是在长安城比较偏远的角落，交通不便，历来是贩卖骡马的集散地。武则天长安元年（701），此地废市改为教弩场，隶属威远军。

南市

此市集位于长安城安善坊，于唐玄宗天宝八年（749）建立。南市所在位置实际上就是武则天时期安善坊中市部分的位置，用途不详，至今已无从查询。

新市

位于长安城北芳林门南，唐宪宗元和十二年（817）建立，用途不详。

鬼市

唐长安城中的“鬼市”实际上就是今天的黑市。唐朝时期有“禁夜”的规定，到了晚上不得在街上行走，否则就会被逮捕。但是有一些商人所售卖的是当时文化背景下不能光明正大售卖的东西，为了生计只好放在晚上售卖。鬼市一般没有固定地点，往往是根据守夜兵丁的位置取其盲点进行，宛如幽灵一般，所以被称为鬼市也就理所当然了。

西域文明

◎ 吐蕃武士 敦煌绢本绘画

安西都护府——西域最高军政机构

大唐都护府

唐帝国疆域辽阔，归附部族众多，为了加强管理，巩固边防，太宗到高宗时效仿汉代都护府的建制，在边疆地区建立了安东、东夷、安北、单于、安西、北庭、昆陵、蒙池、安南九个都护府。

到唐朝自武后实际执政期起直至玄宗时期，只剩下安东、安北、单于、安西、北庭、安南都护府，即著名的六都护府。都护的职责是“抚慰诸藩，辑宁外寇”，凡对周边民族之“抚慰、征讨、叙功、罚过”等事宜，都归其统辖。

安西都护府是六都护府中最重要的一个，是唐朝设在西域的最高军政机构，管辖区域包括今中国新疆、哈萨克斯坦东部及东南部、吉尔吉斯斯坦全部、塔吉克斯坦东部、阿富汗大部、伊朗东北部、土库曼斯坦东半部、乌孜别克斯坦大部等地。当时，“丝绸之路”正处于全盛时期。

◎ 彩绘骑马武士俑　唐代

◎ 彩绘骑马俑　唐代

安西都护府存续期间，不仅维持了西域的安定，建立了完善的驿路，使商业繁荣，并且屯田天山南北，引进内地先进的生产技术，使西域在农业、手工业、纺织业方面都有了显著的发展。

《大唐西域记》

贞观三年（629），玄奘西行，出敦煌，历尽艰辛到达摩揭陀国王舍城，入那烂陀寺从戒贤求学。回国后奉唐太宗敕令，自己口述，辩机笔撰，将西行印度求法所见所闻写成《大唐西域记》。

《大唐西域记》共有 12 卷，成书于唐贞观二十年（646），记述了玄奘亲身游历或得之传闻的上百个国家与地区的情况。各国幅员、都城、地理形势、农业、商业、风俗文艺、语言、文字、货币、国王、宗教等方面都有涉及。有的记载可说举世无双，足以弥补正史地理志、西域传记之缺。如关于于阗地区从中原输入并开始养蚕的最早记载，就见于该书。尤为珍贵的是，《大唐西域记》用 17 个专题对印度做了重点介绍，基本展现了印度的全貌。其中玄奘游学五印，大破外道诸论的内容高潮迭起，十分精彩。

此外，《大唐西域记》记事、叙物、写景，笔调雅致，极富文学韵味，所记述的与佛教有关的传说故事，人物鲜活，情节生动，构思精巧，想象奇特，引人入胜，对后世志人志怪题材文学作品的创作产生了深远影响。据说吴承恩正是根据该书及民间传说创作出长篇神话小说《西游记》的。

◎ 玄奘西行路线示意图

◎ 印度那烂陀寺遗址

◎ 举哀图　唐代　莫高窟第 158 窟

◎ 胁从菩萨彩塑　唐代　莫高窟第

◎ 焚化图　唐代　莫高窟第 148 窟

◎ 法华经变图　唐代　莫高窟第 320 窟

◎ 弥勒经变图　唐代　莫高窟第 445 窟

敦煌莫高窟

唐代的敦煌地区是“丝绸之路”上的重要节点，无论从长安前往西域，还是从西域到长安来，都要经过敦煌，因而此处成为多民族、多文化共荣共生的前沿阵地，莫高窟的开凿则集中体现了此地开放包容的精神。因为无论王公权贵还是平民百姓，都可以成为石窟的开凿者和供养人，所以，唐代开凿的石窟，内容包罗万象，数量达 1000 余之多。从保存至今的 232 窟可以看出，其中的壁画和塑像艺术水平异常高超。除美学及宗教价值外，这些造像和壁画还记录了不同时期政治、军事、外交、歌舞、杂技、耕作、狩猎、营商、出行等方面的历史事件和生活场景。

而存于窟中的敦煌遗书，所涵盖的范围更加广阔，内容也更加翔实。尽管大量流失海外，这些宝贵的历史遗赠仍是研究中古时期中国乃至整个欧亚大陆最难得、最可靠的第一手资料。

◎ 善跏坐弥勒像　唐代　莫高窟第 130 窟

◎ 九层楼　常书鸿

◎ 胡人牵驼图　唐代

◎ 手戴戒指的于阗国王　唐代

◎ 西夏王礼佛图　唐代

西域人在长安

唐代的西域人，指的是现在甘肃玉门以西直到伊朗高原一带的各个民族，他们分属各个大小不同的国家。因唐时的长安城是“万国通邦”的国际贸易中心，所以西域人纷纷东来，汇聚于此。

其中的商人，被称为西域胡商。胡商来长安为的是经商，因此大多数住在城西靠近西市的地方。在西市里，胡商开设各式各样的店铺，珠宝店最多，酒店也不少。酒店里大都售卖葡萄酒，用西域女子招揽顾客，生意很不错，李白的诗里就曾多次提到这种“胡姬酒肆”。胡商擅长经商，赚了很多钱，有的便兼放高利贷，当时无论贵族官吏还是商人百姓，都会向他们借钱。这些不断积累财富的胡商往往愿意居于长安，购置田产，娶大唐女子为妻，只是按唐朝政府规定，不能将大唐妻子带回本国去。

除了胡商，长安城里还有许多西域人：有唐代以前就已来到中国，子孙住在长安的；有为传教而来的僧人；有西域各国为表示友好，派国王或贵族子弟前来访问，留居于此的。这些人也和胡商一样，在长安一住好多年，有的不再回去。唐初名将尉迟敬德的祖先便是于阗人；名臣裴玢的祖先本是疏勒国王；编佛学大辞典《大藏音义》的高僧慧琳本姓裴，也是疏勒人；音乐家白明达被封了官，是龟兹人。还有许多姓康、姓安、姓曹、姓石、姓米的音乐家和歌舞家，来自称作昭武九姓的九个西域小国，到大唐后，学习大唐文字，改用大唐姓，譬如康国人就改姓康，曹国人就改姓曹。

这些住在长安的西域人，和唐人通婚，穿大唐的衣服，学大唐的语言文字，遵守大唐的风俗习惯。

长安人的胡化

文化交流是双向的，唐文化影响着异域，外来文化也影响着中土。大批的西域人住进长安，一边学习中国文化，一边传播西域文化，推动了“胡汉交融”。

长安城里当时流行外国食品。比如胡饼、毕罗，都有专卖店，是普通民众喜爱的食品；胡椒、砂糖等作料辅食已融入日常餐饮；西域葡萄酒、波斯甜酒三勒浆在“胡姬酒肆”里大行其道，备受权贵及士人阶层追捧。

西域式样的衣服，也在唐代传入长安，在妇女中引领风尚。最先流行的是骑马时的装束羃䍦；后来，又传进了帷帽，帽边四周挂下一重丝质的网，罩到颈子边，有的会装饰珠翠；还有一种胡帽，帽边卷上去，没有网。妇女的妆容也颇受西域影响。当时长安城里的妇女，喜欢把头发梳成一种新的式样，叫作椎髻，又叫堕马髻、抛家髻。眉毛画成八字形，叫作啼眉妆。唇上擦乌膏，脸上不敷胭脂香粉，而涂上一种赭色，这是从吐蕃传来的风气。

波斯人发明的波罗球，也让皇帝贵族、军人、士大夫们痴迷不已。西域各国的音乐渗透到皇室乐队，有燕乐、清乐、西凉、天竺、高丽、龟兹、安国、疏勒、高昌、康国十部，体现出浓浓的异域风情。琵琶、觱篥、羯鼓等外来乐器研习者众多，据说玄宗李隆基就是一个玩羯鼓的好手。柘枝舞、胡旋舞，还有兰陵王、拨头、苏摩遮等从西域传来的歌舞十分受欢迎。可见唐代社会开放、兼收并蓄程度之深、长安“胡风胡化”风气之盛。

◎ 胡服女俑　唐代　陕西历史博物馆藏

◎ 团花袍服商人　唐代　莫高窟第 85 窟

◎ 蹀躞带胡服女立俑　唐代　西安博物院藏

◎ 帷帽骑马女俑　唐代　吐鲁番阿斯塔那墓

未時

未时 / 柳公权 字

13:00-15:00

第八章

未时，日昳，译经僧

未时（13:00—15:00），日已西斜，长安城晋昌坊中的大慈恩寺中僧侣刚做完法课，肃穆的气氛依然笼罩着整座佛寺。上元节满城的喧嚣似乎并没有进入此处，法堂之中有僧侣在诵经，庭院中有老僧在洒扫，往后院深处去，是寺中的圣地大雁塔。高耸的佛塔从建成之日起，就将一种无以名状的神圣延续至今。而在佛塔的最顶端，藏有最贵重经卷的秘阁之中，有几名僧侣正低头俯首，小心翼翼地查看着经册中是否新生出书蠹。

阳光从窗棂的缝隙之中透进，在经卷上映出光影斑点。这几册经文都有了年头，纸页上泛着旧旧的黄，但又分明被妥帖细致地收藏好，连一粒灰尘、一丝褶皱都没有。上面的文字笔走龙蛇，视之如同图画，是梵文。除了寺中为数不多的几位法师，普通僧徒们很少能将一篇认完全。有师父在给弟子们一一介绍，这是《大般若经》，这是《心经》，这是《解深密经》，这是《瑜伽师地论》，这是《成唯识论》……当年法师西行归来，曾在慈恩寺中主持寺务，组织译经，并专门修建此塔，用以贮藏从天竺带回的经像。眼前这些都是当年玄奘法师西行带回的经卷原卷。

师父拿起一部《大般若经》，跟弟子们讲述，此经的梵文原本，当年翻译时难度极大，玄奘却颇为谨严，不删一字，最终将这部多达数百卷的巨著译完，意在传播四海，普度众生。这位无人相、无我相、无众生相、无寿者相的长者，他当时在，如今仿佛还在。

这是大唐，他们在长安。

大唐佛事

◎ 香积寺塔　樵军龙摄

/

法相宗祖庭

大慈恩寺

/

密宗祖庭

大兴善寺

/

华严宗祖庭

华严寺

/

三论宗祖庭

草堂寺

/

律宗祖庭

净业寺

/

净土宗祖庭

香积寺

长安的六大祖庭

佛教自东汉传入中国，经数百年开枝散叶的发展，至唐时已形成八大门派：三论宗、天台宗（法华宗）、唯识宗（法相宗）、华严宗、南山律宗、净土宗、禅宗、密宗。

唐代的长安，成为世界佛教研究中心，其影响力辐射至日本、韩国及东南亚地区，并影响了后世的藏传佛教。八大门派中，除禅宗（祖庭在河南省郑州市登封市少林寺）、天台宗（祖庭在浙江省台州市国清寺）外，其余六大门派祖庭皆在长安。这证明了长安在中国佛教史与文明史上的地位。

大慈恩寺

贞观二十二年（648）年末，长安晋昌坊新建的一处寺庙里热闹非凡，当朝皇帝唐太宗正在为自天竺取经归来的玄奘法师举行入寺升座仪式。这座寺庙，是太子——后来的唐高宗李治为追念过世的母亲文德皇后（长孙皇后）而提议修建的。

太子既有孝心，有司自当效力。经反复考察，决定选址于晋昌坊北魏时净觉寺的旧址。建成的寺庙内共有 10 余院 1897 间，是当时最为奢华的皇家寺院。而今天的大慈恩寺，其面积仅为当时的一个西塔院大。

寺庙即将完工之时，唐太宗为之赐名大慈恩寺，并敕令度僧人 300，另请高僧大德 50 人“同奉神居”。正在弘福寺译经的玄奘法师受命移至大慈恩寺充任上座。

玄奘法师为佛教唯识宗之祖，他在长安翻译自己从印度和中亚带回的佛经长达数十年，九易其地，其中在大慈恩寺时间最长，长达 11 年，译经 35 部。大慈恩寺因此成为佛教唯识宗（法相宗）的祖庭。

净业寺

长安终南山北麓的凤凰山林壑幽深，山腰处有一古寺，便是净业寺。唐代佛教律宗的开山之祖道宣律师一生大多时间居于终南山净业寺，因此被称为“南山律祖”，净业寺也被称为“南山律宗”祖庭。道宣一生精持戒律，著述宏富。除留下律学著作“南山

◎ 道宣律师画像

◎ 鉴真和尚像

法门寺

1987 年，在陕西宝鸡市法门寺佛塔的施工现场，突然传来一阵喧闹声，原来是考古人员发现了一个神秘的洞口。传说千年的秘密终于重见天日——地宫里出土了大量极其精美的金银器、香具、琉璃、瓷器、佛经、佛事用品和丝织品等，最重要的是，世界上仅存的佛祖真身指骨舍利也在其中！

法门寺始建于东汉明帝永平十一年（68），传说释迦牟尼佛灭度后，遗体火化为舍利。阿育王将佛舍利分为 84000 份分送各国建塔供奉，中国有 19 处，法门寺为第五处。自汉以来，历代王朝都在法门寺因舍利而置塔。唐代先后有 8 位皇帝曾迎送供养佛骨舍利，法门寺成为皇家寺院。至咸通十五年（874）后，唐僖宗最后一次送还佛骨，按照佛教仪轨，佛指舍利和数千件稀世珍宝一起被封入塔下地宫，从此与世隔绝 1000 余年。如今的法门寺已成为世界佛教信仰者的朝拜圣地。

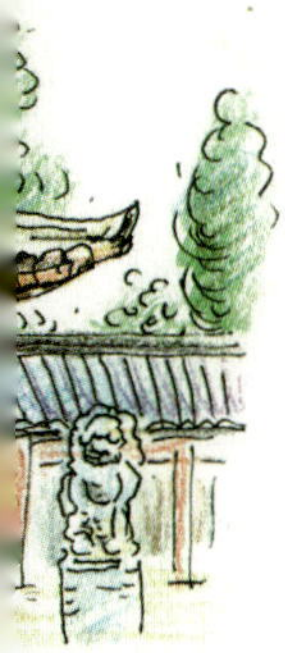

大部”外，还撰写了《释迦方志》《广弘明集》《续高传》等研究印度佛教中华流传史的作品。

净业寺始建于隋文帝开皇元年（581），到唐代时寺人名，因为道宣律师在此修行弘律而成为律宗祖庭。唐后净业寺逐渐衰落。2000 年以后，净业寺经过重新修整，然一新。

日本奈良唐招提寺

东渡弘法

道宣律师手下有受法弟子千人，著名的有大慈、文纲等。文纲有弟子道岸、道宗等。道宗的再传弟子鉴真（688—763）先后六次泛海东渡，终于在第六次成功。鉴真到日本后，在唐招提寺弘法，成为日本律宗祖师。

草堂寺

草堂寺址在陕西省西安市鄠邑区圭峰山北麓。公元401年，笃信佛教的后秦皇帝姚兴，礼聘西域高僧鸠摩罗什来到自己的逍遥园。他在逍遥园建了寺庙供鸠摩罗什居住，因寺庙以草为盖，故得名草堂寺。

鸠摩罗什在草堂寺开设了中国第一座国立译经所，佛教中国化的历程自此开始。可以说，鸠摩罗什在草堂寺创造了世界佛教史上的奇迹：佛教著名的“中观三论”——《中论》《百论》《十二门论》皆是由鸠摩罗什在草堂寺译出，因此三论宗奉鸠摩罗什为宗祖，草堂寺为三论宗祖庭；《成实论》由鸠摩罗什在草堂寺译出，草堂寺被视为成实宗的祖庭；华严宗五祖宗密曾在草堂寺讲学，草堂寺成为华严宗祖庭；日本佛教日莲宗依鸠摩罗什所译《法华经》立宗，故草堂寺被日本日莲宗视为祖庭，鸠摩罗什也被视为日莲宗初祖。

唐代时草堂寺仍为一方名刹，公元606年，高祖李渊造石佛送至草堂寺，为次子李世民目疾祈福；李世民登基后，曾来草堂寺瞻仰并题诗。宪宗朝名僧宗密主持寺务，草堂寺名盛一时。

◎ 梵网经菩萨戒本　鸠摩罗什译　北宋时期刊本

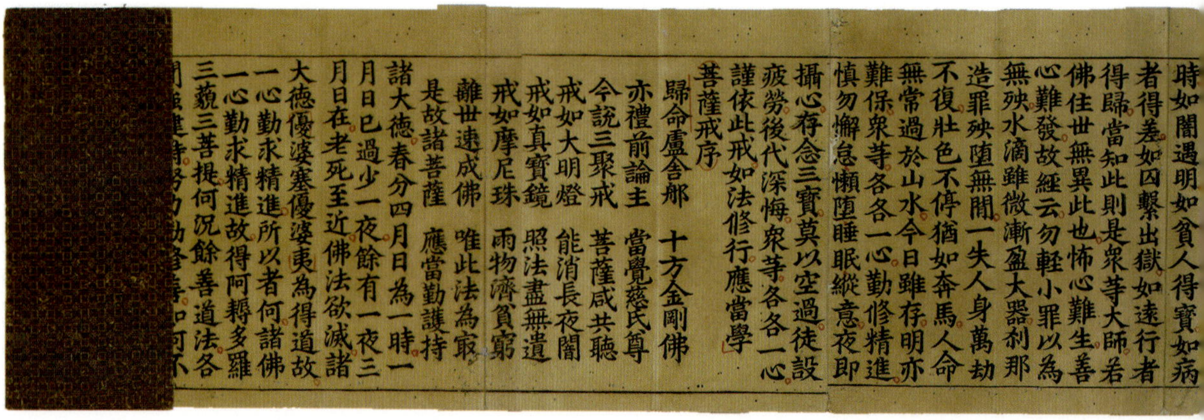

题兴善寺后池

隔窗栖白鹤，似与镜湖邻。
月照何年树，花逢几遍人。
岸莎青有路，苔径绿无尘。
永愿容依止，僧中老此身。

——唐·卢纶

大兴善寺

隋开皇年间（581—600），隋文帝扩建西安城为大兴城。位于靖善坊的遵善寺取城名“大兴”、坊名“善”，改名为大兴善寺。当时的大兴善寺庙宇众多，“为京城之最”。

大兴善寺始建于晋武帝泰始二年（266），是西安现存最古老的佛寺之一。1700余年来，在此地驻锡的大德高僧数不胜数。自隋至唐，印度僧人阇那崛多、达摩笈多，“开元三大士”善无畏、金刚智、不空先后来到大兴善寺译经弘法，设坛传密，大兴善寺成为当时长安的三大佛经译场之一。

天宝十五年（756），密教高僧，玄宗、肃宗、代宗三朝的帝师不空，在大兴善寺内设灌顶道场与戒坛，在中国首开灌顶之风。博大精深的唐密便是在大兴善寺形成。唐密后来传至日本、韩国、马来西亚、印度尼西亚，影响极为深远。因此，大兴善寺成为佛教密宗的祖庭。

华严寺

华严寺始建于唐太宗贞观年间（627—649），位于唐代长安城南的著名风景区内。杜牧《望故园赋》中曾写到华严寺周边的风光之美："岩曲天深，地平木栳。陇云秦树，风高霜早。"

华严寺创寺后，成为唐代佛教兴法弘教的中心，高僧硕学云集于此。不空、智藏、玄逸等高僧也敕住华严寺。其中华严五祖中，初祖杜顺法师被唐太宗尊为"帝心尊者"，他开创了华严宗；二祖智俨大师大振华严宗宗风，被称为"云华尊者""至相大师"；三祖法藏大师被武则天尊为"贤首国师"；四祖澄观大师曾为唐德宗讲《华严经》，被授"镇国大师"号，华严宗至此正式成为宗派；五祖宗密大师被唐宣宗追谥"定慧禅师"，世称"圭峰禅师"。

华严宗的思想融合佛教各派，契合了中国人渴望圆满包容的心态，因此广受欢迎，对后世产生了深远的影响。华严五祖圆寂后均在华严寺建塔供奉，华严寺因此成为佛教华严宗的祖庭。

香积寺

唐代佛教净土宗创始人善导大师（613—681）圆寂后，其弟子怀恽为纪念他的功德，在长安城南修建了香积寺。香积寺之名源于佛典《维摩诘经》中的“天竺有众香之国，佛名香积”。以“香积”为名，是将善导大师比作香积佛。香积寺成为净土宗的祖庭。

“净土宗”又称“莲宗”或“白莲宗”。南朝僧人慧远曾大力提倡白莲净土信仰，后世认为其为净土宗初祖，但净土宗的实际创始人为善导大师。善导认为，众生无论今生地位如何，往生皆是凡夫，其往生品位高下由今生的善恶与修行决定。净土宗信仰在唐代盛极一时，唐高宗、武则天、唐中宗都曾亲临膜拜，并赐予舍利子等佛教圣物。

净土宗在 8 世纪传入日本，12 世纪时，日本僧人法然上人依善导的《观无量寿经疏》创立了日本净土宗。因此，日本净土宗也视香积寺为其祖庭。

香积寺位于今陕西省西安市长安区郭杜镇香积寺村。

过香积寺

不知香积寺，数里入云峰。
古木无人径，深山何处钟。
泉声咽危石，日色冷青松。
薄暮空潭曲，安禅制毒龙。

——唐·王维

大小雁塔

玄奘法师移座大慈恩寺后，为了安置自己从天竺带回的经书佛像和舍利子，希望在大慈恩寺建造一座石塔。唐高宗李治下令，由朝廷出资，在寺西建造一座五层砖塔。最初的大雁塔共 5 层 60 米高，为仿印度礼佛塔佛陀伽耶的风格建造；后来高宗对其印度风格进行改造，大雁塔被加高至 9 层；接着武则天将大雁塔增高至 10 层。后唐长兴二年（931），大雁塔又被恢复为 7 层。据传大雁塔下应该也有类似法门寺地下的地宫，只是尚未开掘。

唐高宗驾崩百日后，皇族为其献福，修建了荐福寺。唐中宗景龙元年（707），皇宫中的宫人捐资在荐福寺修建了小雁塔，用以存放唐代高僧义净从天竺带回的佛教与佛图。小雁塔原有 15 层，现存 13 层，与大雁塔东西相对，外形相似，因此互相对照得名。大雁塔与小雁塔是唐长安留存至现在的两座地标性建筑。

大小雁塔为何称“雁”塔？

大小雁塔为何称为“雁”塔有数种说法，以下两种较为合理：

其一，玄奘法师《大唐西域记》中曾记载自己在印度听说僧人埋雁造塔，故称大慈恩寺塔为雁塔；小雁塔因形制较小而得名。

其二，法显《天竺记》中记录，达嚫国有迦叶佛迦蓝，穿石山做五层塔，最上一层为鸽形。鸽雁同类，而唐代以雁为贵，雁塔因此而得名。日本律宗祖师。

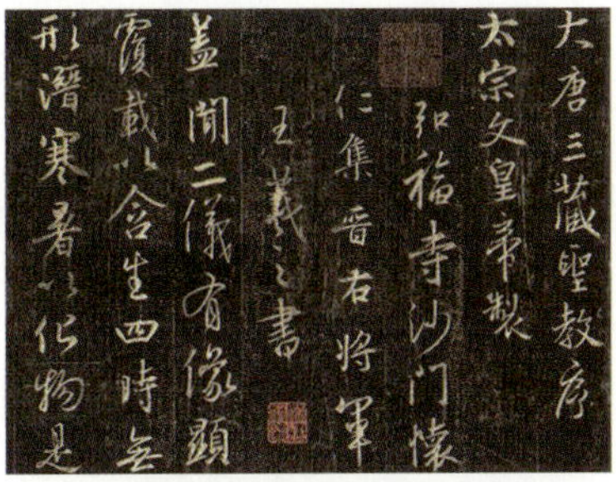

◎ 大唐三藏圣教序　唐太宗撰写版本

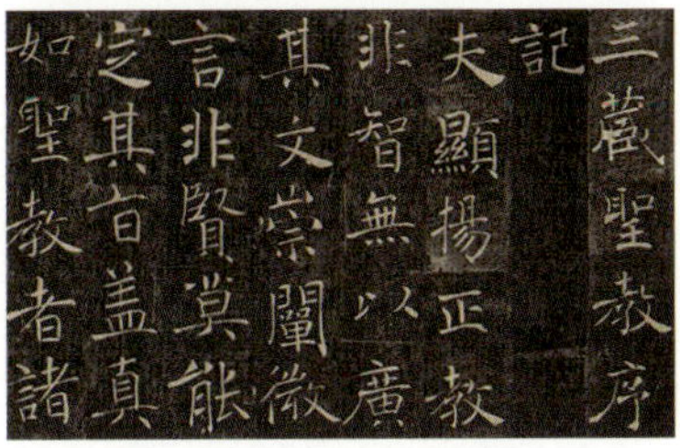

◎ 大唐三藏圣教序　褚遂良撰写版本

青龙寺

每年4月樱花盛开之时，位于古乐游原上的青龙寺姹紫嫣红，游人如织，却很少有人知道，这座建于隋文帝开皇二年（582）的千年古刹曾与大兴善寺一起，被奉为密宗祖庭。

唐代密宗大师惠果（746—805）自9岁开始就师从不空法师的弟子昙贞研习佛教经典，后来成为不空的传法弟子。他历任唐代宗、唐德宗、唐顺宗三朝国师，因长期驻锡青龙寺，世称青龙阿阇黎。

日本佛教所谓的“入唐八家”，其中六家——空海、圆行、圆仁、惠运、圆珍、宗睿先后在青龙寺受法。

北宋元祐元年（1086），青龙寺遭到毁坏，逐渐不为人知，直到1963年，才在考古发掘之后于原址重建。

《大唐三藏圣教序》

大唐贞观十九年（645），玄奘法师在前往天竺17年求取真经后回到长安。唐太宗大喜，请玄奘法师前往弘福寺开始译经。为了弘扬佛法，表彰玄奘法师“往游西域”“询求正教”“总将三藏要文”的功德，唐太宗亲自撰写了《大唐三藏圣教序》。

《大唐三藏圣教序》最初由唐初四大书法家之一的褚遂良撰写，称为《雁塔圣教序》。唐高宗永徽四年（653）立石，分别镶嵌在大雁塔底层南门门洞两侧的砖龛中。

后来玄奘法师的弟子怀仁从王羲之书法中集字，刻制成碑文，称《怀仁集王羲之书圣教序》，因碑首横刻七尊佛像，又称《七佛圣教序》。该碑原来在弘福寺，后来移至西安碑林博物馆。

《雁塔圣教序》与《七佛圣教序》因成就了唐太宗的雄文、玄藏法师西行求法的伟大事迹与两大书法家的神笔三者的结合，成为大唐盛世留给今天的瑰宝。

会昌灭佛

唐代后期，寺院经济过分扩张，寺产土地既不输课税，僧侣也免除赋税，影响政府财政收入。唐武宗在位期间，崇奉道教，推行一系列“灭佛”政策，没收寺产、拆毁佛寺、推倒佛像，强迫僧尼还俗。当时为会昌年间，这场灭佛运动史称“会昌灭佛”。会场灭佛中，除道教外的其他宗教也受佛教牵连，受到打击。

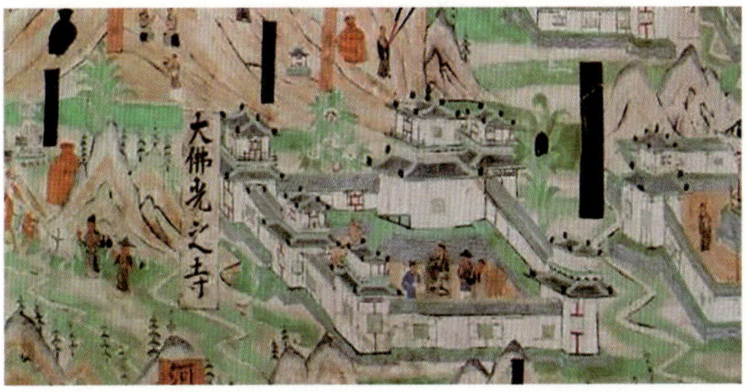

光宅四表[illegible]

化之跡東歸帝猷宏闡大章之步

恩道場三藏法師諱玄奘俗姓陳

川人也帝軒提象控華渚而開源

基歷山而聳構三恪照於媯載六

祀書奏而承朗月遊道而聚德星

培風齊翼世濟之美鬱爲景冑法

生含和降德結根深而蔭茂道源

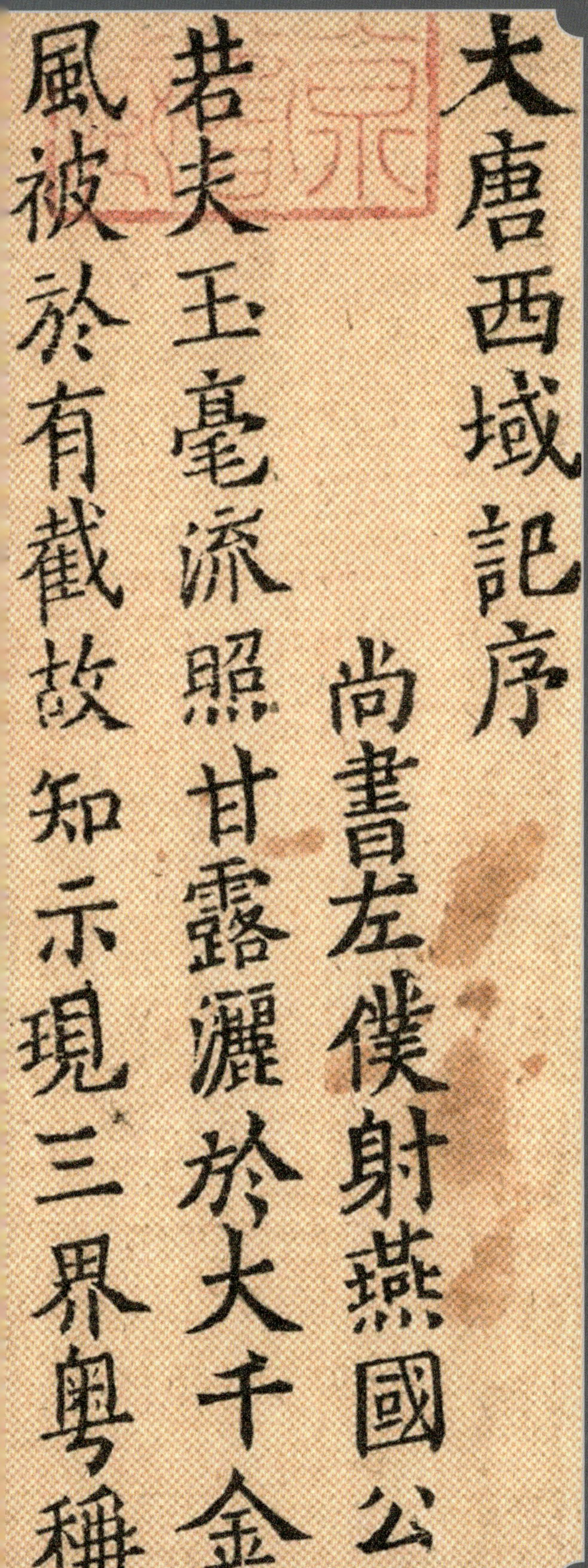
大唐西域記序
尚書左僕射燕國公
若夫玉毫流照甘露灑於大千金
風被於有截故知示現三界粵稱

名僧小录

· 玄奘
· 惠能
· 神秀
· 空海

玄奘

玄奘（602—664）出身书香门第，从小受到完备的儒学教育，10 岁时在洛阳净土寺出家。他在学习佛法的过程中，发现因为译著错舛，导致义理含混，重要的理论问题无法融合，因此发愿西行求取佛经原典，以统一中国佛学界思想的分歧。

贞观二年（628），在陈表请求西行未获官方批准的情况下，玄奘“冒越宪章，私往天竺”，当时才 26 岁。在那样的时代，他所承受的艰难困苦可想而知，5 万余里的行程中，其所经历的应该不下“九九八十一难”。最终，玄奘到了印度佛教的最高“学府”那烂陀寺，跟从戒贤法师学习佛法，并游历印度，与当地僧众切磋佛法，受到戒日王礼遇。戒日王以玄奘为论主，在曲女城召开佛学辩论大会。玄奘讲论，由人问难，但没有一人能胜过他。此会过后，玄奘被尊为“大乘天”。

但玄奘从未忘记自己的初心。公元 643 年，他启程回归大唐。贞观十九年（645），他带着 657 部佛经回到长安，受到唐太宗的礼遇。雄心勃勃的大唐君主正打算开拓西域，熟知西域风土人情的玄奘深为他所器重，他屡次劝说玄奘还俗帮助自己，但都被玄奘拒绝。

此后玄奘一直从事译经工作。在长安和洛阳两地，他和弟子们译出佛经 75 部，共计 1335 卷，占唐代译经总数的一半以上。

玄奘不但是杰出的佛学家、翻译家，而且是中印文化交流的使者，他为了理想不畏生死的精神，也足以当得“中华民族的脊梁”（鲁迅语）之誉。

《大唐西域记》

唐太宗想要扫除西突厥势力，经略西域。玄奘法师从天竺归来后，唐太宗敦促他将自己在西域的所见所闻撰写成书，以为参考。于是玄奘法师口述，由其弟子辩机（619—649）执笔，完成了《大唐西域记》。

《大唐西域记》不仅是研究古代中亚和南亚历史地理、佛教文化和中西交通史的重要资料，更具有独特优美的文学价值，这也得益于执笔者辩机本人的高才博识。辩机后因与高阳公主私通而被腰斩。

◎ 佛教传来　平山郁夫　日本著名画家

惠能

菩提达摩于公元526年踏上中国的土地，成为佛教禅宗初祖。传至惠能（638—713）为六祖。惠能本不识字，以一首偈语获得禅宗五祖弘忍授予衣钵，这首偈语便是：菩提本无树，明镜亦非台。本来无一物，何处染尘埃。

惠能因主持曹溪宝林寺（今广东韶关南华禅寺），故被称为曹溪大师，他所传承的禅宗一脉被称为曹溪禅，是为南宗禅。曹溪禅弘扬“直指人心，见性成佛”的顿悟法门，大大降低了人们拜佛的门槛，只要一心向佛，人人都可以通过自我反省，在日常生活中认识自我的佛性，从而成佛。

惠能一直在岭南弘法，虽武则天、唐中宗数次相请入宫弘法，终不愿去。惠能圆寂后，经其弟子神会的大力弘扬，原本偏居岭南一隅的曹溪禅作为达摩禅的正宗，得到官方认定，传遍全国。

不是风动，
不是幡动，
仁者心动。

六祖惠能在广州法性寺，见风吹幡动，两名僧人争论起来，一说是风在动，一说是幡在动。惠能上前说：不是风动，也不是幡动，是你们修行之人的心在动。

菩提偈

菩提本无树，
明镜亦非台。
本来无一物，
何处染尘埃。

——唐·惠能

渐悟

一切佛法，自心本有。将心外求，舍父逃走。

神秀

神秀（606—706）与惠能同为禅宗五祖弘忍弟子。传说弘忍为传法衣，命众弟子作偈，神秀所作为：身是菩提树，心如明镜台。时时勤拂拭，勿使惹尘埃。弘忍认为未见本性，因此将衣钵传给惠能。

弘忍死后，神秀在江陵当阳山（今湖北省当阳市）玉泉寺传法，声名远扬。武则天曾迎其至洛阳与长安弘扬佛法，唐中宗与唐睿宗也对其极为器重，神秀因此号称“两京（长安与洛阳）法主”“三帝（武则天、唐中宗、唐睿宗）国师”。

神秀为北宗禅创始人，与惠能并称“南能北秀”。神秀所持禅理认为，“一切佛法，自心本有。将心外求，舍父逃走”。与惠能的“顿悟”说相比，神秀强调“渐悟”。北宗禅虽然盛极一时，但仅传数代便告衰亡。

◎ 今湖北省当阳市玉泉寺

空海

日本僧人空海（774—835）于公元 804 年随第十八次遣唐使入唐，并于贞元二十一年（805）来到长安。在长安期间，他遍访名僧，并在青龙寺师从惠果大师修密宗。元和元年（806），空海携带大量佛典、诗词和书法作品回到日本。

空海回到日本后，于 816 年于和歌山开创高野山真言宗，进而建立了总本山金刚峰寺。823 年，天皇诏赐京都东寺为密教永久根本道场。“东密”因此得名。空海以东寺为中心，开展弘法活动，将中国佛教精神日本化，使之成为日本的国家宗教。

因其在日本佛教史和文化史上的重要地位，921 年，醍醐天皇赐谥空海“弘法大师”之称。在日本民间传说中，“弘法大师”是一个传奇般的存在，很多神异故事都与其有关。这也是电影《妖猫传》以空海为主角的原因。

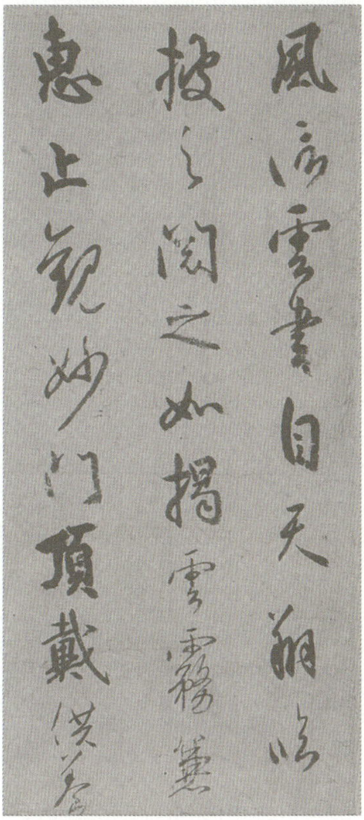

◎ 日本佛教高僧空海书法诗帖（局部）

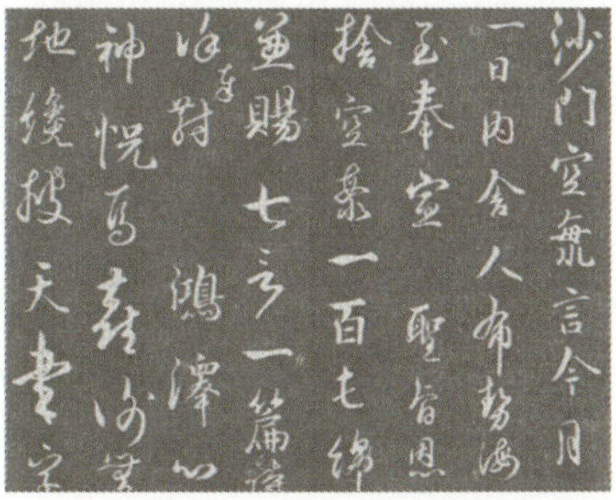

◎ 空海法师书法作品《风信帖》（局部）

◎ 惠果空海纪念堂

◎ 西安青龙寺遗址空海纪念碑

申时

申时／唐人月仪贴

15:00-17:00

第九章

申时，晡时，观中会

申时（15:00—17:00），日已西斜，长安城中大小建筑的落影一时尽皆东向。已是晡食时分，城中的各个院落里都有饭香飘出。安业坊以南的唐昌观中，一场茶会也正当其时，几名头戴黄冠的女道士正与文士杯盏交错，相谈正欢。大唐重道，道教得到王朝的扶持，一直被尊为国教。举国上下，哪里都有声名远播的道长。尊奉道家的不唯男子，也有许多女子因种种原因，舍弃尘世，进入道门，当中也包括很多皇室贵族女子，众人皆知的贵妃杨玉环、玉真公主和李腾空，都是名噪一时的女道士。

长久身处红尘之外，终日慕仙求道，俗世的日常生活离她们已十分遥远。终日眼前只有道袍、香案、烟雾、古观、经书，而不像俗世女子一般，丈夫、子女、公婆和无尽的琐细。因为没有走过其他的路，所以也不知彼端是不是会更好。茶案前摆放着一幅经卷，是她昨夜手抄的《逍遥游》，与高天远地相比，人世间的琐细显得无比渺小，上元节的热闹并未渗入此间，观中人的安宁一如往昔。

谈经论道之中，时间过得飞快，不经意间座中似乎有人问她：“玄门岁月，坤道可觉寂寞？”

她想了许久，用先贤的文词答：“虽趣舍万殊，静躁不同，当其欣于所遇，暂得于己，快然自足，不知老之将至。”

这是大唐，他们在长安。

大唐国教

- 道大佛小，先老后释
- “开元道藏”
- 孙思邈
- 李淳风
- 司马承祯
- 成玄英
- 杨太真
- 玉真公主
- 李腾空
- 鱼玄机
- 李治
- 终南山
- 玄都观

道大佛小，先老后释

在唐代，道教始终得到李唐王朝的扶植和崇奉，几乎成为国教，道教因此跻身于佛教之上，空前兴盛起来。

唐代的宗教政策，总结起来就是“道大佛小，先老后释”。道教在李唐王朝初建时积极支持灭隋建唐的政治活动，道士王知远不但预言李渊能坐稳江山，还预言李世民在争夺地位的斗争中能够获胜。因此唐代从高祖李渊开始，就非常尊崇道教。李渊因老子姓李，认其为李唐祖先。公元 624 年，李渊曾亲自到终南山和楼观礼拜太上老君。公元 625 年，钦定三教秩序，宣布道教在儒家和佛教之上，有唐一代尊奉道教的国策就此确立。武则天时代，道教势力一度衰落，但到了唐玄宗时代，他对道教极为狂热，甚至将自己与李林甫的石像放置在老子雕像两边，以示恭敬。到唐武宗时代，朝廷甚至废禁佛教，独尊道教。晚唐的皇帝笃信道教，追求长生，宪宗、穆宗、敬宗、武宗、玄宗都直接或间接因服食丹药而死。

◎ 张果见唐明皇图卷　元代　任仁发　北京故宫博物院藏

“开元道藏”

道家战国时期为诸子百家之一，到东汉开始教团化，天师道奉老子为太上老君。道德哲学化的道教到南北朝时开始形成。

道教在发展过程中，除了先秦的道家典籍《老子》《庄子》等外，还形成了卷帙浩繁的经籍。开元年间（713—741），唐玄宗诏令天下搜集道书，按照三洞（洞真、洞玄、洞神）四辅（道教中辅佐玉皇的四位尊神）十二类的分类法进行编纂，汇总成中国第一部“道藏”，是为“开元道藏”，也称“三洞琼纲”，共3744卷（另有说法为5700卷）。

虽然“开元道藏”编纂完毕后，曾奉命传抄，以便广为传播，但后来历经数次兵燹，终于散失不全。

孙思邈

道家常通过隐居、研究百草药性、炼丹服食以求长寿，因此在古代，道士常通医术，孙思邈是其中的佼佼者。

孙思邈（541—682）是京兆华原人（今陕西省铜川市），入道后隐居终南山中。从北周至隋唐，三朝帝王数次征召，他都坚决不接受，每日只是研究前朝药书，并亲自采集药草，研究药性，终于完成《千金要方》和《千金翼方》两部医学著作。

孙思邈的医学研究颇有体系，不但精通内科、妇科、儿科、五官科，还注重预防科学，认为人若善于摄生，便可免于生病；他对针灸术也颇有研究，著有《明堂针灸图》，以针灸之法作为治疗的辅助手段。

在研究医药的过程中，孙思邈把硫黄、硝石、木炭混合成粉，用以发火炼丹，这是中国文献中记录的最早的火药配方。

李淳风

贞观二十二年（648），长安城中出现了白天能看到太白星的异象。太史据此占卜，得出“帝传三世，武代李兴”的卜象。为此，唐太宗召见李淳风密谈。

李淳风（602—670）当时不仅为大唐帝国的太史令，同时也是著名的天文学家，在民间来看，他还是最高深莫测的道士。他是岐州雍县（今陕西省凤翔县）人，其父李播字号皇冠子，曾在朝为官，后弃官入道。李淳风在父亲的影响下，从小便钟情于天文地理和道家阴阳之术。

李淳风编纂了《晋书》《隋书》的天文、律历、五行志，并在《隋书》中记录了祖冲之圆周率；他编定了“算经十书”，为唐以后各朝代数学的发展奠定了基础；李淳风还编纂了《麟德历》，设计了观察日月五星运行的浑天仪等。李约瑟称李淳风为“整个中国历史上最伟大的数学著作注释家”。

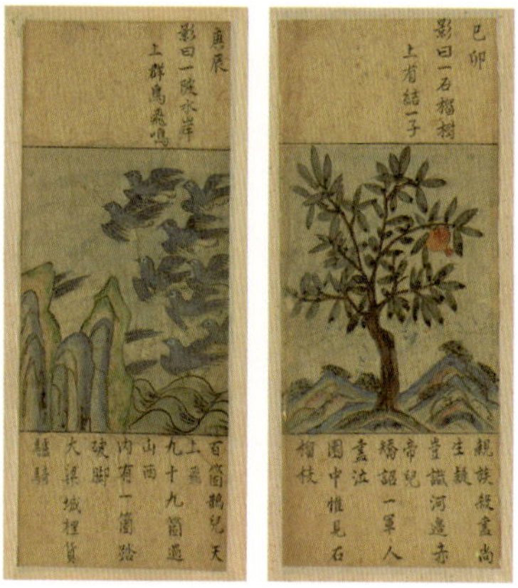

《推背图》

传说唐太宗李世民为推算大唐国运，命李淳风和袁天罡编写了《推背图》。李淳风以术数易卦开始预言推算，直算至以后数千年，直到袁天罡推其背说“天机不可泄露”才停止，故书名《推背图》。

《推背图》是一本借助卦象进行预言的奇书，是东方神秘主义的杰出代表作。

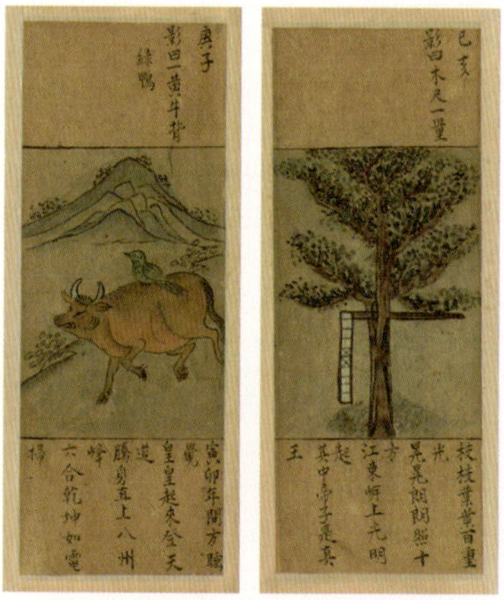

◎ 推背图　清抄彩绘本

答宋之问

时既暮兮节欲春，山林寂兮怀幽人。
登奇峰兮望白云，怅缅邈兮象欲纷。
白云悠悠去不返，寒风飕飕吹日晚。
不见其人谁与言，归坐弹琴思逾远。

——唐·司马承祯

◎ 高士抚琴图　明代　仇英

司马承祯

道教上清派源出于天师道，自东晋时期开始成形。南齐永明十年（492），陶弘景归隐茅山，弘扬上清经法，茅山成为道教上清派的中心，因此上清派也被称为“茅山宗”。上清派茅山宗传至司马承祯（639—735）为第十二代宗师。

司马承祯少年时期即一心向道，不慕红尘，后来隐居于天台山玉霄峰，自号“天台白云子”。武则天曾召司马承祯入宫，赞其道行高操；唐睿宗曾向他询问阴阳术数与治国之术，他回答说，阴阳术数为异端，治国应“无为”，颇得赞誉；开元十五年（727），玄宗派使者将司马承祯迎入宫中，由其引领，亲受法箓，称为“道士皇帝”。

司马承祯文学素养极高，与当世文人交往密切，和陈子昂、卢藏用、宋之问、王适、毕构、李白、孟浩然、王维、贺知章并称“仙宗十友”。

成玄英

唐永徽年间，大唐出现严重的旱灾，对此早有预言的道教理论家成玄英（608—669）因“推国家之吉凶”而被流放到郁州（今江苏省连云港市）。从此他隐居于云台山，潜心研究道教理论。

道教理论从先秦时代的“老庄学”发展到魏晋六朝的“玄学”，由成玄英将其发展为“重玄学”，实现了道教理论发展的飞跃。

成玄英是陕州（今河南省陕县）人，因深谙老庄、周易、儒学、佛学，精通梵文而名重一时。贞观五年（631）被唐太宗召入长安，赐号“西华法师”。他的主要著作有《周易流演》《度人经注疏》《道德真经义疏》《南华真经疏》等，这些著述提升了道教的思辨性与哲学性，标志着中华本土文化吸收与同化以佛教为代表的外来文化，最终形成了自己独有的哲学体系。

杨太真

白居易《长恨歌》中写道：“渔阳鼙鼓动地来，惊破霓裳羽衣曲……六军不发无奈何，宛转蛾眉马前死。”杨玉环（719—756）与唐玄宗的爱情故事便以这悲凉的一幕收场。

杨玉环出身官宦人家，美姿容，善歌舞，通音律。她开始为玄宗与武惠妃之子寿王的妻子，武惠妃死后，玄宗将杨玉环召入宫中。为掩人耳目，玄宗以为自己的母亲窦太后祈福的名义，敕杨玉环出家为女道士，道号“太真”，因此杨玉环也称“杨太真”。

因为宠爱杨玉环，玄宗不但册封其为贵妃，还爱屋及乌，对其家人荣宠有加。白居易说：“姊妹弟兄皆列土，可怜光彩生门户。遂令天下父母心，不重生男重生女。”帝王耽于玩乐，自然会造成灾难，“安史之乱”起，唐代终于盛极而衰。

唐玄宗与杨太真的爱情建立在对音乐舞蹈的共同的爱好上，但这种琴瑟和鸣最终造成了巨大的悲剧。

玉真公主

唐代公主入道者甚多，最有名的便是唐玄宗的同母妹妹玉真公主（692—762）。玉真公主年幼时母亲便遭武则天所杀，在恶劣的政治环境中战战兢兢地生活，因此开始慕仙修道。最初她受封崇昌县主，睿宗复位后获封昌隆公主，别称“玉真公主”，入道后号“上清玄都大洞三景师”。

玉真公主入道后遍游名山大川，广交有识之士，尤其喜欢与文人交往，李白、王维、张说、高适、储光羲都与她过从甚密，王维和李白都留下了为玉真公主创作的诗歌。玉真公主常向玄宗推荐人才，李白借助于玉真公主的推荐，才得以被玄宗召入宫中。

“安史之乱”后，玉真公主隐居在敬亭山（在今安徽省宣城市）中修道，死后也葬在此山。李白的《独坐敬亭山》一诗，传说是在向玉真公主致敬。

独坐敬亭山

众鸟高飞尽，
孤云独去闲。
相看两不厌，
唯有敬亭山。

——唐·李白

赠张云容舞

罗袖动香香不已，红蕖袅袅秋烟里。
青云岭上乍摇风，嫩柳池边初拂水。

——唐·杨玉环

李腾空

李腾空，生卒年不详。她的父亲李林甫（683—753）是唐代皇室宗亲、宰相，在玄宗朝大权独握，操弄朝纲，留下了两个成语：口蜜腹剑，一箭双雕，可见其人品官品之一斑。在这样的家庭出生成长，李腾空却寡欲而慕道。她于唐德宗年间入庐山北凌云峰修道，也常为乡民及来访者救苦疗疾，深得人望。她去世后，唐德宗赐她所居之处为“诏德观”。相传，李白曾送自己的妻子前去庐山跟从李腾空学道。

送内寻庐山女道士李腾空·其一

君寻腾空子，应到碧山家。
水春云母碓，风扫石楠花。
若爱幽居好，相邀弄紫霞。

——唐·李白

鱼玄机

大唐咸通十二年（871），长安市中人潮涌动，前来围观一场死刑。受刑者是一位才名远播的道姑，她就是鱼玄机。

与玉真公主、李腾空等皇家女性自愿入道不同，鱼玄机（约844—871）入道，是迫不得已的选择。她自幼聪慧好文，嫁给补阙李亿为妾，却不被李亿正妻所容，被迫在咸宜观入道。她美貌而有才，名动士林，而被李亿抛弃的惨痛经历也使得她放浪形骸。她在道观门口贴上“鱼玄机诗文候教”的告示，邀约天下才子与自己厮混，这些才子中，与鱼玄机来往最为密切的就是晚唐大诗人温庭筠。

后来，鱼玄机的婢女绿翘与鱼玄机的情人有私，鱼玄机因妒生恨，杀死了绿翘。按唐律，杀死婢女并非死罪，但鱼玄机却被处以死刑。这在某种意义上表明了官方的态度：对于平民来说，诗酒风流、放浪形骸的生活态度并不为世所容。

赠邻女，寄李亿员外

羞日遮罗袖，愁春懒起妆。
易求无价宝，难得有心郎。
枕上潜垂泪，花间暗断肠。
自能窥宋玉，何必恨王昌。

——唐·鱼玄机

◎ 女史箴图（局部） 唐代摹本

李冶

唐德宗建中四年（783），泾原镇士卒叛乱，拥立朱泚为帝，国号秦。唐德宗逃往奉天（今陕西乾县），遭到朱泚围攻。这场奉天之难于第二年以唐德宗返回长安，朱泚为部下所杀而告终。

德宗回到长安后，下令杖杀了当时著名的女道人、诗人李冶，只是因为她曾被迫向朱泚献诗。

李冶（约 730—784），与薛涛、鱼玄机、刘采春并称唐代四大女诗人。她从小便显露诗才，被送至玉真观入道后，与当时著名文士交往频仍，陆羽、皎然、刘长卿等皆与她诗文唱和，当时人说她，“形气既雄，诗意亦荡”。

李冶诗名盛极一时，德宗曾将其召入宫中，对其青眼有加。也许正是因为曾经有过这种青睐，使得德宗不能原谅她陷于朱泚之手，不得不虚与委蛇而献诗的行为。

八至

至近至远东西，
至深至浅清溪。
至高至明日月，
至亲至疏夫妻。

——唐·李冶

◎ 终南山风景　晏蓁摄

终南山

唐代的终南山，距政治中心长安不过20多公里，山谷幽深，林木丰蕤，诸多达观显贵都在此修建别业。求取声名的儒者也常隐居终南山，以此自抬身价，求得晋身之路。

终南山为道家的发祥地之一。据传老子西游入秦，函谷关关令尹喜将老子请至楼观，老子在楼观为尹喜讲授《道德经》五千言而去，因此，楼观成为“天下道林张本之地”。武德年间，在终南山修建了规模宏大的宗圣宫，成为中国道教最早的宫观。唐高祖、唐太宗、唐高宗、唐玄宗等多次驾临，使得这里鼎盛一时。孙思邈、司马承祯、玉真公主等都曾隐居终南山中修道。

终南山也是佛教圣地。中国佛教八宗中五大宗的祖庭都在终南山，即三论宗祖庭草堂寺、净土宗祖庭香积寺、华严宗祖庭华严寺、律宗祖庭净业寺、唯识宗祖庭兴教寺。诸多高僧大德都曾在终南山中译经，推动了佛教中国化的历程。

儒、道、释皆厚爱终南山，使得终南山成为中国最具文化意味的名山。

终南捷径

唐代卢藏用（约664—713）举进士第落榜，便隐居于终南山，希望以此博取声名，后来果然被召授左拾遗。与他同时隐居终南山，虽被征召而坚辞不就的司马承祯讽刺他说：终南山真是进入仕途的捷径啊！这便是成语终南捷径的来历。

玄都观

唐玄都观始建于后周时代的长安故城，名为通道观。隋文帝规划大兴城时，将通道观迁往大兴城崇业坊内，改名为玄都观，和大兴善寺隔朱雀大街相望。

隋唐时代，玄都观遍植桃树，是都城内外士人百姓春季踏青游赏之地。诗人刘禹锡因参与二王八司马改革而被贬为朗州司马，10年后归来，在玄都观中作诗云：“紫陌红尘拂面来，无人不道看花回。玄都观里桃千树，尽是刘郎去后栽。”随即又遭到贬谪。14年后，他再次归来，当时已是春尽，玄都观中桃花落尽。他又写诗云：“百亩庭中半是苔，桃花净尽菜花开。种桃道士归何处？前度刘郎今又来。”

玄都观如今非但没了种桃道士，就连其自身也荡然无存。

其他宗教

· 景教

· 伊斯兰教

· 祆教

景教

隋唐时期，社会开放，政策开明，为各种宗教在中国的传播提供了便利条件。

景教，属基督教聂思脱里派。聂思脱里为东罗马帝国君士坦丁堡主教，主张耶稣的神性与人性分而为二，强调耶稣的人性。因此被视为异端，遭到驱逐。他的一部分追随者出逃波斯，逐渐发展出独立教派，流行于中亚。

贞观九年（635），景教僧侣阿罗本携经文来到大唐，唐太宗下诏允许阿罗本在中国传教，并允许他在长安义宁坊建立寺庙，招募僧侣；唐高宗时，允许景教在大唐各州建立寺院。景教寺庙原名波斯寺，后改名为罗马寺、大秦寺。

唐建中二年（781），景教僧侣伊斯出资，立《大秦景教流行中国碑》，由波斯人景净作碑文，记载了景教的教义、碑文，以及景教在大唐传播的历史。碑脚及左右两侧以叙利亚文和汉文对照，刻有72名景教僧侣的名字。唐武宗会昌灭佛，景教遭到禁止，后逐渐衰亡。

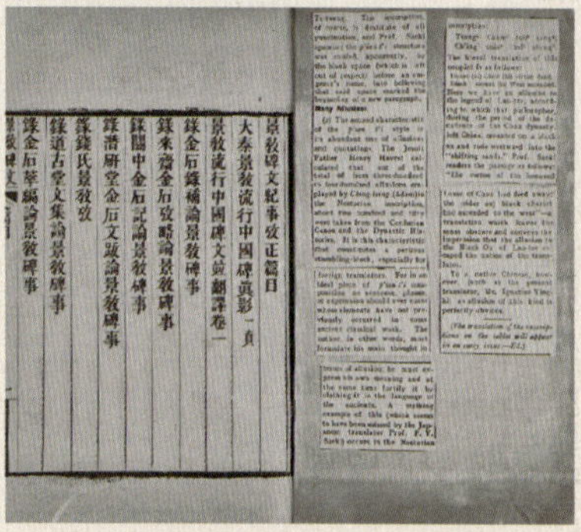

◎ 景教碑文纪事考证　清代　杨荣鋕撰

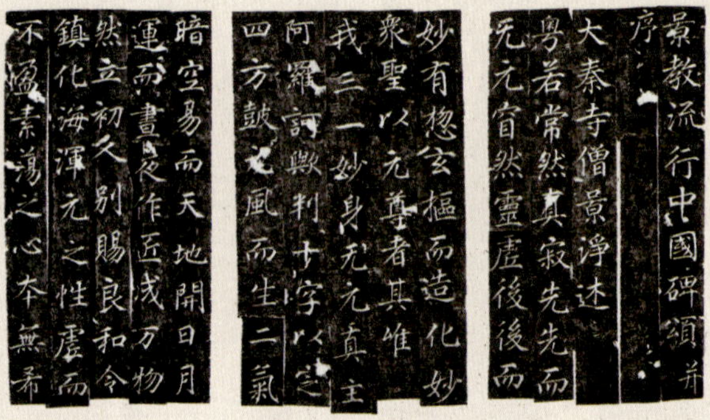

◎ 大秦景教流行中国碑颂

◎ 新疆高昌古城内的景教壁画《棕枝主日》

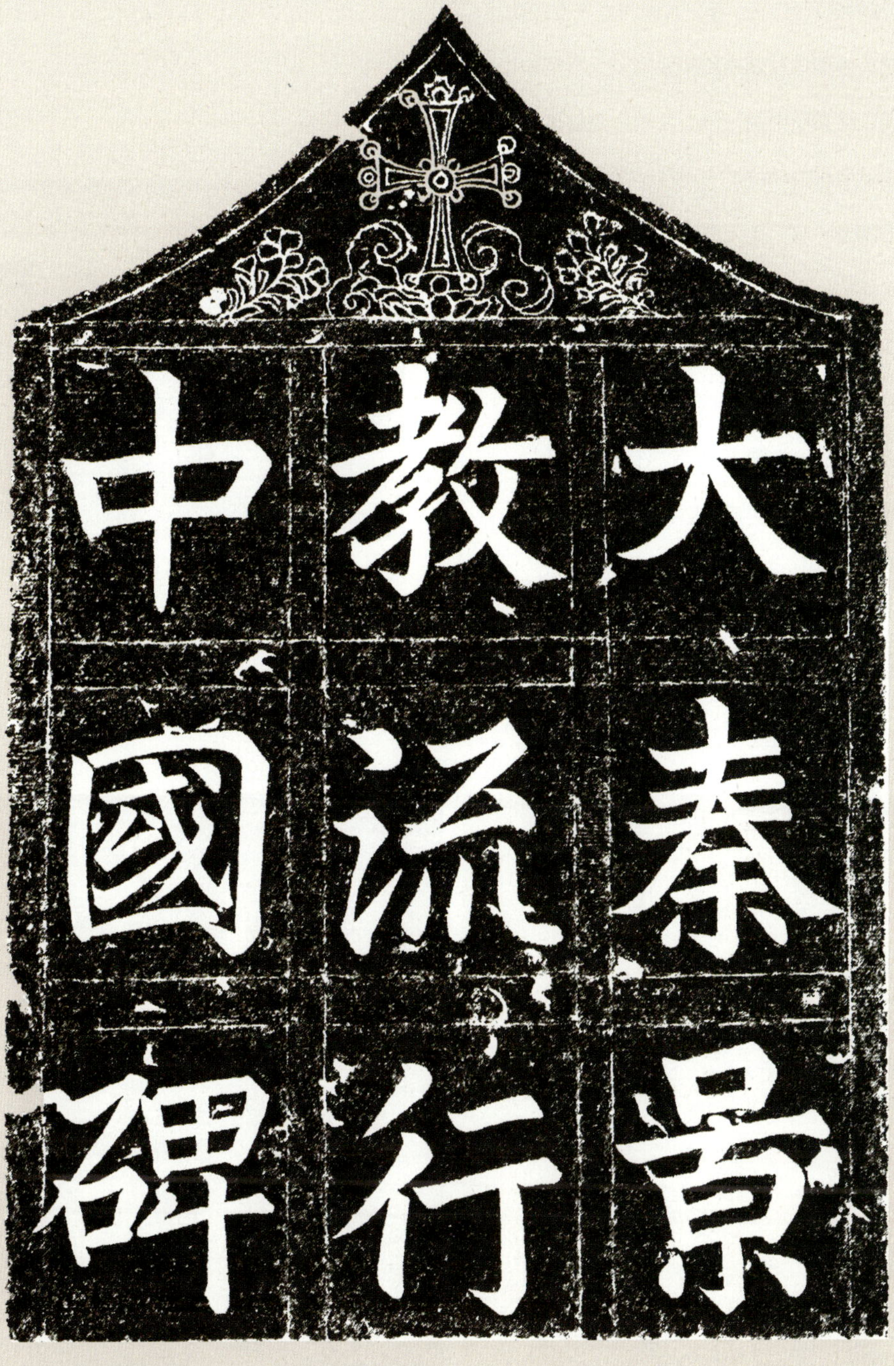

◎ 大秦景教流行中国碑（局部）

伊斯兰教

伊斯兰教始创于公元 7 世纪的阿拉伯半岛，至 8 世纪时已成为遍及欧、亚、非三大洲的世界性宗教。

唐代与大食国以丝绸之路相联通，大批阿拉伯人通过丝绸之路来到中国，伊斯兰教也随着他们传播到了中国沿海和内地的广大地区。据《闽书》记载，“（穆罕默德）有门徒大贤四人，唐武德中来朝，遂传教中国。”

当时长安城的东市与西市，大食商人开了许多店铺，售卖别具异域风情的货物。根据《资治通鉴》的记载，长期居留长安的异域商户有 4000 多户，其中多数为阿拉伯人。伊斯兰教在这些人中流传，最终扎根中国。

◎ 穆罕默德得到天使启示，开始了传教之路

◎ 三位来自赤鄂衍那的波斯使臣　撒马尔罕大使厅壁画西墙

◎ 粟特人　撒马尔罕大使厅壁画

祆教

祆教是琐罗亚斯德教传入中国后的名称。琐罗亚斯德教是基督教诞生前波斯最有影响的宗教，这一古老的宗教对犹太教、基督教、伊斯兰教都有深远的影响。祆教信仰光明，崇拜火，因此也被称为拜火教。祆教持二元论教义，其所崇奉的善神为阿胡拉·马兹达，代表光明（据说日系车马自达，其名便来自这位善神）；所厌憎的恶神安格拉·曼纽代表黑暗。

南北朝时期，祆教由来华贸易的胡商传入中国。至唐代，因来华胡人极多，为尊重祆教信奉者的信仰，在长安与洛阳都设有火祆寺，政府还设立官职“萨宝”管理不同信仰的胡人。

会昌灭佛后，祆教、景教与佛教共同受到打击，逐渐在中国销声匿迹。

◎ 祆教神话典籍《阿维斯陀》

◎ 祆教（拜火教）图案

◎ 安伽墓围屏石榻　北周　陕西历史博物馆藏

酉时

酉时 / 怀素 字

17:00-19:00

第十章

酉时，日入，盛世诗

酉时（17:00—19:00），日已西斜，天色向晚，暮色铺天盖地地压下来，城池中恢宏的灯火开始显现。城中一家酒楼的高窗边，三位文客占据着最好的观景位置，向外望着上元时节灯火明灭的王城。

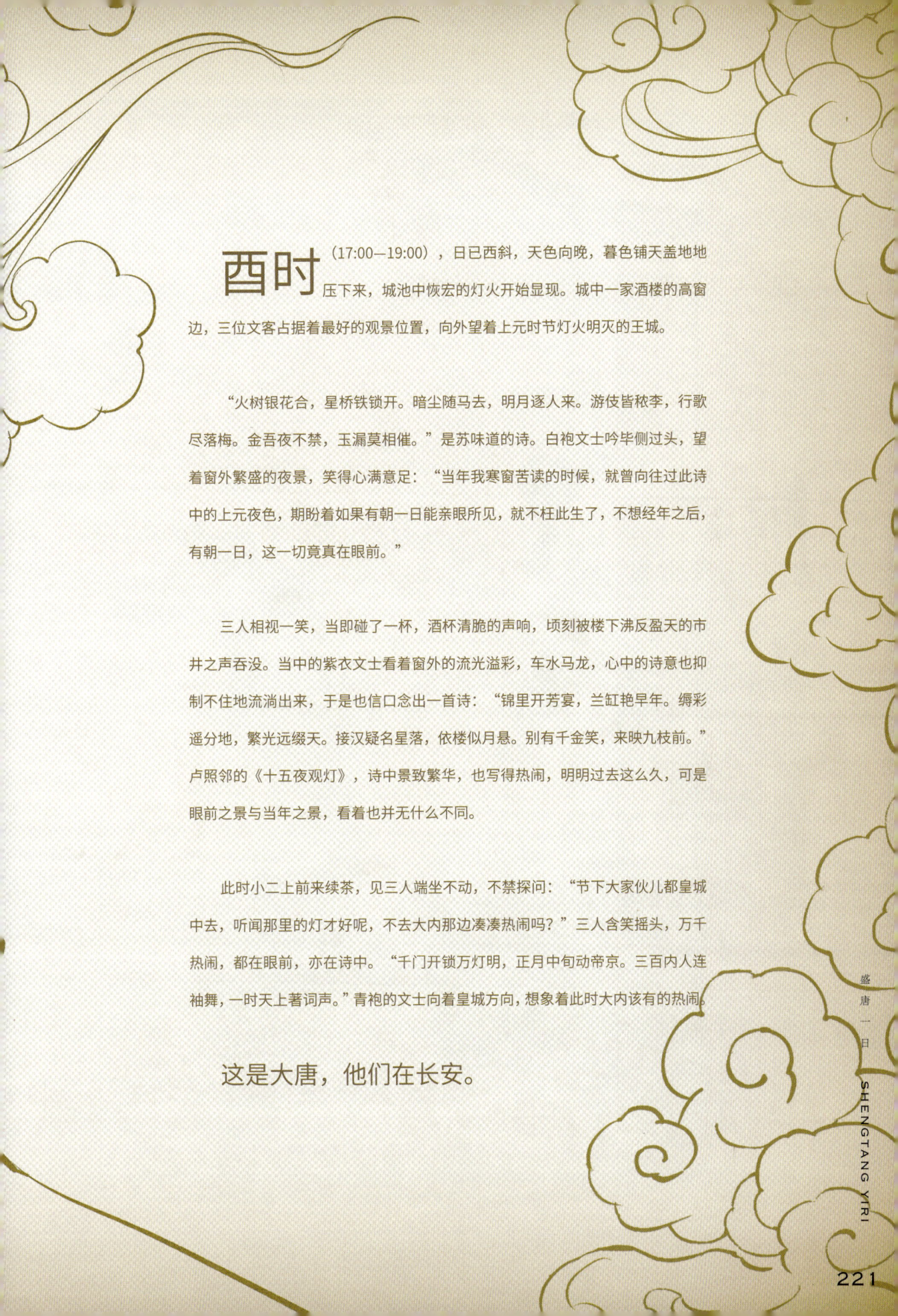

“火树银花合，星桥铁锁开。暗尘随马去，明月逐人来。游伎皆秾李，行歌尽落梅。金吾夜不禁，玉漏莫相催。”是苏味道的诗。白袍文士吟毕侧过头，望着窗外繁盛的夜景，笑得心满意足：“当年我寒窗苦读的时候，就曾向往过此诗中的上元夜色，期盼着如果有朝一日能亲眼所见，就不枉此生了，不想经年之后，有朝一日，这一切竟真在眼前。”

三人相视一笑，当即碰了一杯，酒杯清脆的声响，顷刻被楼下沸反盈天的市井之声吞没。当中的紫衣文士看着窗外的流光溢彩，车水马龙，心中的诗意也抑制不住地流淌出来，于是也信口念出一首诗：“锦里开芳宴，兰缸艳早年。缛彩遥分地，繁光远缀天。接汉疑星落，依楼似月悬。别有千金笑，来映九枝前。”卢照邻的《十五夜观灯》，诗中景致繁华，也写得热闹，明明过去这么久，可是眼前之景与当年之景，看着也并无什么不同。

此时小二上前来续茶，见三人端坐不动，不禁探问：“节下大家伙儿都皇城中去，听闻那里的灯才好呢，不去大内那边凑凑热闹吗？”三人含笑摇头，万千热闹，都在眼前，亦在诗中。“千门开锁万灯明，正月中旬动帝京。三百内人连袖舞，一时天上著词声。”青袍的文士向着皇城方向，想象着此时大内该有的热闹。

这是大唐，他们在长安。

古希天子
嘉慶御覽之寶

诗歌王朝

上官体

唐初文学上承六朝宫体诗绮丽之风，朝野上下多喜好以辞藻、对偶、声律表现闺阁艳情、描写宫廷生活的文字。“步辇出披香，清歌临太液。晓树流莺满，春堤芳草积。”这是唐初宰相上官仪（608—665）的作品，读起来，风格与六朝相去不远。史称上官仪诗文“绮错婉媚”，他也因此深受唐太宗、唐高宗两代帝王的赏识。其诗作被称为“上官体”，是唐代诗歌史上第一个以个人命名的诗歌风格称号。上官仪的个人身份决定了“上官体”的题材内容，主要以奉和、应制、咏物为主，内容格调不高，但形式完美，具有音韵之美。上官仪后因建议高宗废除武则天皇后之位被诛，其孙女上官婉儿后成为武则天最信任的贴身女官。

辞藻 对偶 声律

入朝洛堤步月

脉脉广川流，驱马历长洲。
鹊飞山月曙，蝉噪野风秋。

——唐·上官仪

奉和 应制 咏物

山中

长江悲已滞，万里念将归。
况属高风晚，山山黄叶飞。

——唐·王勃

王勃（650—676）

杨炯（650—693）

卢照邻（约 637—约 689）

骆宾王（约 619—约 687）

初唐四杰

最先扭转六朝绮丽之风，对端稳妩媚的上官体进行反正的是初唐四杰：王勃（650—676）、杨炯（650—693）、卢照邻（约 637—约 689）、骆宾王（约 619—约 687）。“长江悲已滞，万里念将归”（王勃《山中》）、“宁为百夫长，胜作一书生”（杨炯《从军行》），“直发上冲冠，壮气横千秋”（卢照邻《咏史》），“此地别燕丹，壮士发冲冠。昔时人已没，今日水犹寒”（骆宾王《于易水送人》）……他们的诗作内容不再局限于馆阁之中的应和酬答、闺阁之内的风花雪月，而开始扩展到广阔河山、边塞大漠。

“初唐四杰”皆才情高标而命运多舛，但他们是“盛唐气象”当之无愧的开先河者。

《春江花月夜》

张若虚（约 647—约 730）的《春江花月夜》，完美展现了中国古典文化所追求的意境与情愫。皎皎明月之下，“春江潮水连海平”，与这永恒的天地相比，人间的一切多么渺小！“江畔何人初见月，江月何年初照人？”然而，这种渺小而又美好的人的情感又是多么珍贵？“谁家今夜扁舟子，何处相思明月楼？”最后归结于一声长叹：“不知乘月几人归，落月摇情满江树。”

《春江花月夜》清丽优美，一扫宫体诗的脂粉气息。闻一多称《春江花月夜》为“诗中的诗，顶峰中的顶峰”。其作者张若虚，虽然一生只留下两首诗，却因这一首《春江花月夜》，以孤篇盖全唐。

“沈宋”与格律诗

南齐沈约和谢朓所创的“永明体”，强调诗词的声韵格律，经初唐沈佺期 (约 656—约 714 或 715) 与宋之问（约 656 — 约 712）之手发扬光大，成为一种既有程式约束又可自由发挥的新体诗——格律诗。因此，武则天朝最杰出的诗人沈佺期与宋之问并称“沈宋”。

当年武则天游赏龙门，诏群臣赋诗。东方虬先成，获赐锦袍；待宋之问诗成，武皇读后赞不绝口，夺东方虬锦袍赐给宋之问。“明月的的寒潭中，青松幽幽吟劲风”（宋之问《冬霄引》），“雁塔风霜古，龙池岁月深”（沈佺期《游少林寺》），这些诗句结构完整，格律精严，辞采清丽，已初显唐代格律诗的面貌。

独不见

卢家少妇郁金堂，海燕双栖玳瑁梁。
九月寒砧催木叶，十年征戍忆辽阳。
白狼河北音书断，丹凤城南秋夜长。
谁为含愁独不见，更教明月照流黄。

——唐·沈佺期

伯玉毁琴

陈子昂（字伯玉）第二次落第后，在长安遇到一人卖胡琴，索价百万却无人敢问津。陈子昂以千金购入，次日在长安宣阳里大宴豪贵。他捧着琴感叹道：“蜀人陈子昂，有文百轴，不为人知，此乐贱工之乐，岂宜留心！”说完便砸碎胡琴，将自己的诗文发给与会者。自此陈子昂之名为海内所知。

陈子昂的“兴寄”与“风骨”

从初唐到盛唐，最不容忽视的诗人便是陈子昂（659—700）。他以昂藏之气，将“初唐四杰”奠定的刚健之风推广开来。无论是“念天地之悠悠，独怆然而涕下”（《登幽州台歌》）中高远的宇宙情怀，还是“雁山横代北，狐塞接云中。勿使燕然上，惟留汉将功”（《送魏大从军》）中昂扬的现实主义呐喊，陈子昂都以恢复汉魏诗歌传统的“兴寄”与“风骨”发出了盛唐之音。

王维的山水诗画

王维（701/699—761）才华早显，宦途虽有挫折，但仍不失显达。他精研佛理，妙解音乐与绘画，晚年退居辋川后，其诗作融诗意、画意、乐意与禅意为一体，笔墨简淡，神韵悠长，在艺术上达到极高的成就。“松含风里声，花对池中影”（《林园即事寄舍弟紞》），“万壑树参天，千山响杜鹃。山中一夜雨，树杪百重泉”（《送梓州李使君》），他的诗作，可吟之，可听之，亦可观之，堪称“山水诗画”。

孟浩然的清淡田园

与少年得志的王维不同，孟浩然（689—740）多次入长安求仕，却久试不第，遂绝科举之念，以漫游和隐居度过一生。他与王维并称盛唐山水田园诗的代表诗人，诗作多写山水田园之美及隐居生活的恬淡之趣。“桑野就耕父，荷锄随牧童”（《田家元日》），“绿树村边合，青山郭外斜”（《过故人庄》），田园生活的自得之乐跃然纸上；“我家南渡头，惯习野人舟”（《送张祥之房陵》），又流露出潇洒自傲之态。他的诗作以五言短篇为主，风格清淡而又个人色彩十足。

“不才明主弃”

传说孟浩然曾在燕国公张说处得见唐玄宗。玄宗令其诵读他的诗作。当听孟浩然读到“不才明主弃”之句时，玄宗很不高兴地说：你自己不求仕，却诬我弃你！从此孟浩然再没有入仕的机会了。

◎ 长江积雪图 唐代 王维

李白与盛唐之风

若举一人代表盛唐诗坛，那非李白（701—762）莫属。李白诗中有天真未凿的童趣：“小时不识月，呼作白玉盘。又疑瑶台镜，飞在青云端”（《古朗月行》）；有夸张瑰丽的想象：“黄河西来决昆仑，咆哮万里触龙门”（《公无渡河》），“人攀明月不可得，月行却与人相随”（《把酒问月》）；有细腻的儿女情怀：“君为女萝草，妾作菟丝花”（《古意》）；有飒爽的豪侠之气：“十步杀一人，千里不留行。事了拂衣去，深藏身与名”（《侠客行》）。他诗歌中的特质，完美契合了昂扬向上、充满希望的盛唐气象。

◎ **上阳台帖　唐代　李白　北京故宫博物院**

诗人、书法家李白于天宝三年（744）创作的纸本墨迹草书书法作品。《上阳台帖》为李白书自咏四言诗，是李白唯一传世的书法真迹，亦是国家一级文物中的“国宝”，被称为“一级甲”。

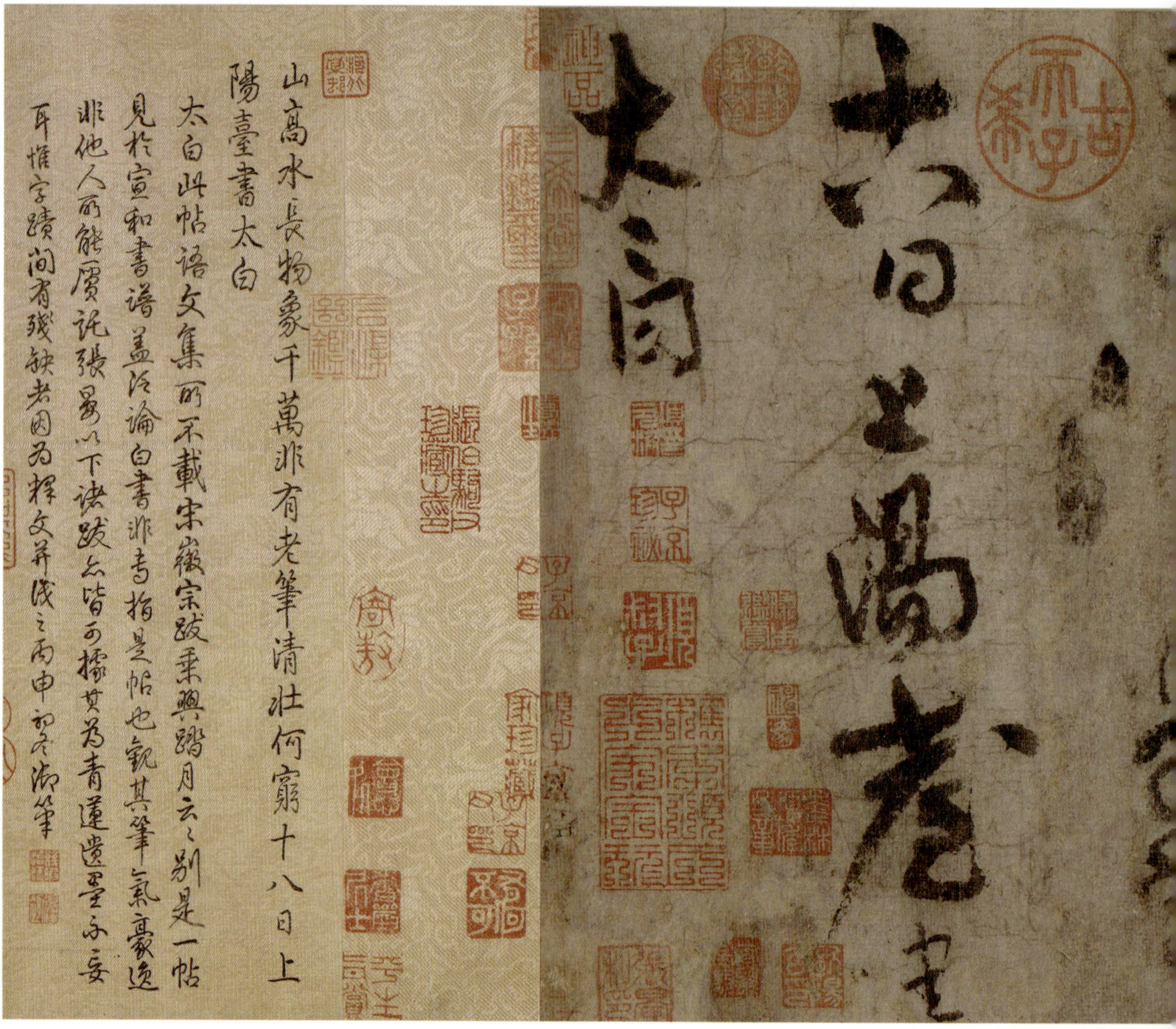

山中与幽人对酌

两人对酌山花开，
一杯一杯复一杯。
我醉欲眠卿且去，
明朝有意抱琴来。

——唐·李白

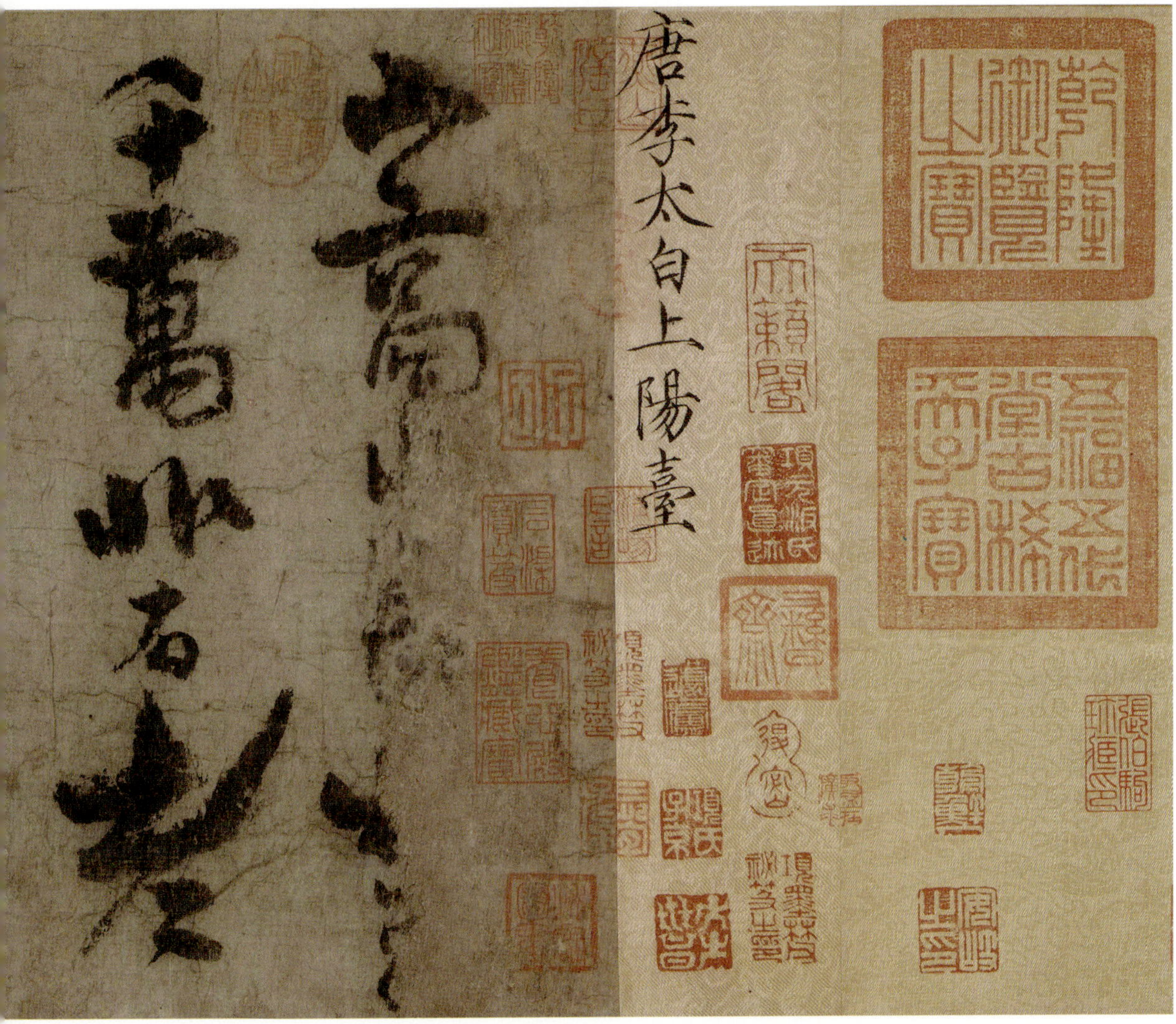

登楼

花近高楼伤客心，万方多难此登临。
锦江春色来天地，玉垒浮云变古今。
北极朝廷终不改，西山寇盗莫相侵。
可怜后主还祠庙，日暮聊为梁甫吟。

——唐·杜甫

诗圣杜甫

杜甫（712—770）是唐诗史上最伟大的现实主义者。他盼望实现自己经世治用的理想，孜孜以求“致君尧舜上，再使风俗淳”（《奉赠韦左丞丈二十二韵》），但一生沉沦下僚，曾目睹了盛唐烈火烹油的繁华下的饥馁而发出“朱门酒肉臭，路有冻死骨”（《自京赴奉先县咏怀五百字》）的感叹，后亲历“安史之乱”时，又为盛世一去不返而“少陵野老吞声哭，春日潜行曲江曲”（《哀江头》）。杜甫的诗歌，“上悯国难，下痛民穷”，诗风沉郁顿挫，有儒家的仁爱精神和强烈的忧患意识，因此他被后世称为“诗圣”。

边塞诗

边塞诗起源于边境作战，《诗经》中已有完整的边塞诗。唐代的边塞诗创作达到了顶峰，不仅留存作品数量多，创作者众，连淡泊出世如王维者，也有边塞诗存世，而且诗风阳刚壮美，体现了泱泱大唐的浑雄之气。唐代边塞诗人的代表为王之涣（688—742）、王昌龄（698—757）、高适（704—765）与岑参（约715—约770），四人号称“四大边塞诗人”。他们的边塞诗题材丰富，阔大豪迈，表现出蓬勃向上的生命力，“黄沙百战穿金甲，不破楼兰终不还”（王昌龄《从军行》），“君不见走马川行雪海边，平沙莽莽黄入天”（岑参《走马川行奉送封大夫出师西征》）、“万里不惜死，一朝得成功。画图麒麟阁，入朝明光宫”（高适《塞下曲》），这些诗句，发出了盛唐时代的最强音。

旗亭画壁

开元某年的一个雪日，王昌龄、高适、王之涣相约前往旗亭饮酒。三人以旗亭中歌女演唱的歌曲作赌，约定唱谁的诗多谁获胜。歌女一唱曰：“寒雨连江夜入吴，平明送客楚山孤……”此为王昌龄诗；歌女二唱曰：“开箧泪沾臆，见君前日书……”此为高适诗；歌女三唱曰：“奉帚平明金殿开……”此又为王昌龄诗。王之涣指着最美的一位歌女说：“如果她还是不唱我的诗，那我终生不敢与你二位争衡！”那歌女果然娓娓唱来：“黄河远上白云间，一片孤城万仞山。羌笛何须怨杨柳，春风不度玉门关。”这是王之涣的《凉州词》。三人鼓掌大笑，尽醉而归。

“歌诗合为事而作”的元白

“安史之乱”后的唐朝，满目疮痍，民不聊生。诗歌中的浪漫主义退潮，诗人们开始关注现实。白居易（772—846）提出“歌诗合为事而作”，与好友元稹（779—831）一同倡导“新乐府运动”，要求诗歌能够“补察时政”“泄导人情”。白居易笔下“满面尘灰烟火色，两鬓苍苍十指黑”的卖炭翁、“岁种薄田一顷余”的杜陵叟，元稹笔下“万人判死一得珠”的采珠人、“旱块敲牛蹄趵趵。种得官仓珠颗谷”的农夫，都是诗人为民请命的呼吁。

白居易与元稹的诗通俗平易，平民可读。白居易的诗在日本流行最广，是历代最受日本人推崇的中国诗人。

问刘十九

绿蚁新醅酒，
红泥小火炉。
晚来天欲雪，
能饮一杯无？

——唐·白居易

刘禹锡与中唐气象

中唐最具有反抗精神的诗人当属刘禹锡（772—842），他因参与永贞革新触怒藩镇、宦官及权贵而被贬长达23年，却从不懊丧自怜，保持着乐观向上、桀骜不驯的心态。他贬谪归来，写诗讽刺权贵“玄都观里桃千树，尽是刘郎去后栽”，结果又遭贬谪；二度归来，他继续写诗：“种桃道士归何处，前度刘郎今又来。”其傲岸倔强之态让人击节称赞。

竹枝词

山桃红花满上头，
蜀江春水拍山流。
花红易衰似郎意，
水流无限似侬愁。

——唐·刘禹锡

“诗鬼”李贺

李贺（约 790—817）是少年天才，7 岁能作诗，15 岁便以诗名满京华。然而，因其父名“晋肃”，“晋”与“进”同音而不得应进士举，终于一生沉沦下僚。高标的才华与悲剧性的命运交织，使得李贺产生了奇特的想象力。他听人弹箜篌，那声音“昆山玉碎凤凰叫，芙蓉泣露香兰笑”；他想象边塞风光，“黑云压城城欲摧，甲光向日金鳞开”；他在南朝名妓苏小小身上寄托自己的哀伤：“风为裳，水为佩。油壁车，夕相待。冷翠烛，劳光彩。西陵下，风吹雨。”他虽然只活了 27 年，却堪称中国诗歌史上最天才、最奇特的诗人。

呕心沥血

李贺每日清晨即带着小童背着锦囊骑驴出行，若偶得诗句，便写下投入锦囊，等日暮时分回家，再凑成一首诗。日日如此，从不懈怠。他母亲叹道：这孩子要呕出心来才算完啊！

郊寒岛瘦：驴背上的苦吟诗人

孟郊 (751—814) 与贾岛（779—843）为中唐苦吟派诗人。两人都没有做过什么像样的官，虽然都曾受过韩愈的提携，但生活依然困顿。贾岛曾做过和尚，孟郊三试不第，50 多岁才中举做了一个小官，个人生活的坎坷，使得二人诗风偏于荒寂凄苦。“贫病诚可羞，故床无新裘”（孟郊（《卧病》）、“夜学晓未休，苦吟神鬼愁”（孟郊《夜感自遣》）、“十书九不到，一到忽经年”（贾岛《寄远》）、“可能在世无成事，不觉离家作老人。”(贾岛《咏怀》)，这些诗句格律严密，字句妥帖，但读来不免令人心沮气丧，因此苏轼不无讥诮地总结说：“郊寒岛瘦”。

剑客

十年磨一剑，
霜刃未曾试。
今日把示君，
谁有不平事？

——贾岛

小李杜与晚唐风韵

李商隐（813—858）与杜牧（803—852）是晚唐诗坛最耀眼的明星。两人都才华俊赏，本有耀眼的前程，后李商隐卷入牛李党争，杜牧则受人排挤，二人皆仕途失意。所谓“不幸塑造诗人”，在他们身上体现得最为明显。李商隐的诗具有独特的美感：“红楼隔雨相望冷，珠箔飘灯独自归”（《春雨》），“一春梦雨常飘瓦，尽日灵风不满旗”（《重过圣女祠》），虽然所指不明，但意象绵密，情致婉转，开北宋诗坛“西昆体”之先河。与李商隐不同，杜牧号称“杜郎俊赏”，其诗议论警拔，爽朗清丽，雄姿英发。“春风十里扬州路，卷上珠帘总不如”（《赠别》）、“东风不与周郎便，铜雀春深锁二乔”（《赤壁》），皆可见其诗风。

牛李党争

晚唐地方藩镇割据，中央宦官专权，而朝中以牛僧孺、李宗闵为代表的牛党与李德裕、郑覃为代表的李党反复争斗，持续近 40 年，满朝文武罕有不卷入其中者，李商隐就是受害者之一。他得牛党令狐楚父子提携，却又娶了李党王茂元之女为妻，因而被视为忘恩负义，遭到牛党打压。牛李党争严重破坏了唐朝的政治环境，加速了唐代的灭亡。

◎ 高逸图 唐代 孙位

百花齐放

◎ 韩愈像

韩柳与唐代古文运动

韩愈（768—824）和柳宗元（773—819）是唐代古文运动的倡导者。六朝以来，学者、官员行文以骈文为主，讲究声律对仗，辞藻华丽，然而内容空空。这种风气从韩愈和柳宗元开始得到扭转。韩柳所推崇的“古文”，是指先秦汉魏时那种质朴刚健、自由表达的文体。韩愈柳宗元提倡文以“载道”“明道”，强调文章中要有真实情感。所谓“古文运动”，其实是假托复古而进行的革新运动，目的是复兴儒学传统。

因为韩愈柳宗元文学宗师的地位，天下景从，古文运动声势大涨，代表了中国文学史上现实主义的一脉。

◎ 柳宗元像

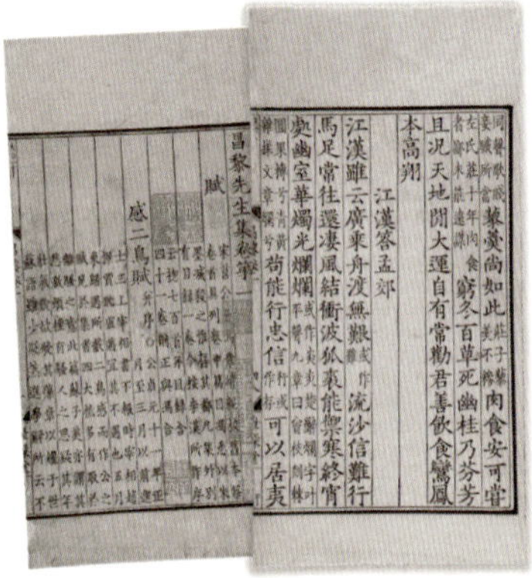

◎ 昌黎先生集　宋刻本

谏迎佛骨

韩愈号称天下文宗，不只是因为他执掌唐代文坛长达30年，也不是因为他善于奖掖后进，更是因为他一生刚强正直，虽然在政坛遭受无数次打击，仍不肯屈服，因此为天下所重。唐宪宗晚年佞佛，派人将法门寺中的佛骨迎至长安供奉。韩愈对此大不以为然，上奏章直言佛事不可信，为此他从朝中被贬至潮州为刺史。韩愈有诗记此事：“一封朝奏九重天，夕贬潮州路八千。”（《左迁至蓝关示侄孙湘》）这首诗是写给他的侄孙韩湘的，韩湘就是八仙传说中的韩湘子。

唐传奇

中国古代小说出现较晚，汉魏时代的志人志怪小说多短小而缺乏文采。到唐代，佛教与道教开始流行，宗教徒需要借“说话”这种形式传播宗教；城市发展，市民阶层形成，需要一定的文娱生活；科举考试开始重视文学——这种种因素形成合力，推动小说创作迅速发展。唐传奇便是唐代的短篇小说。鲁迅认为唐传奇“叙述宛转，文辞华艳”，是已经成熟了的短篇小说了。唐传奇内容丰富，反映的生活面广泛，其所确定的内容，如艳情、世情、侠义、神怪、历史等，成为后世中国小说不变的主题。唐传奇中的名篇有《补江总白猿传》《虬髯客传》《枕中记》《柳毅传》《李娃传》《昆仑奴》等。

◎ 颜真卿像

颜真卿之死

颜氏一家，满门忠烈，其堂兄颜杲卿父子在“安史之乱”中以身殉国，颜真卿自己也忠至灭身。建中四年（783），颜真卿被派前往叛乱的淮西节度使李希烈处传达朝廷旨意，李希烈对他百般威胁利诱，颜真卿誓死不从，绝不背叛大唐，后被李希烈缢杀。

“颜筋柳骨”

2019年，台北“故宫博物院”将颜真卿（709—784）的《祭侄文稿》出借日本，引起轩然大波。在《祭侄文稿》中，颜真卿记述了自己的堂兄颜杲卿父子在“安史之乱”中坚决抵抗最终死难之事。书法笔力豪壮，气势磅礴，一气贯之，号称“天下三大行书”之一。

颜真卿为唐代书法大家，擅长行楷，其楷体端庄、行书遒劲，被称为“颜体”，创造了新一代书风。柳公权（778—865）书法吸收前代名家之长而独树一帜，号称“柳体”。“柳体”骨力劲健、结体严谨。唐文宗赞其书法超越了钟繇与王羲之。

颜真卿与柳公权、欧阳询、赵孟頫并称“楷书四大家”，前二者又并称“颜柳”“颜筋柳骨”。

◎ 柳公权像

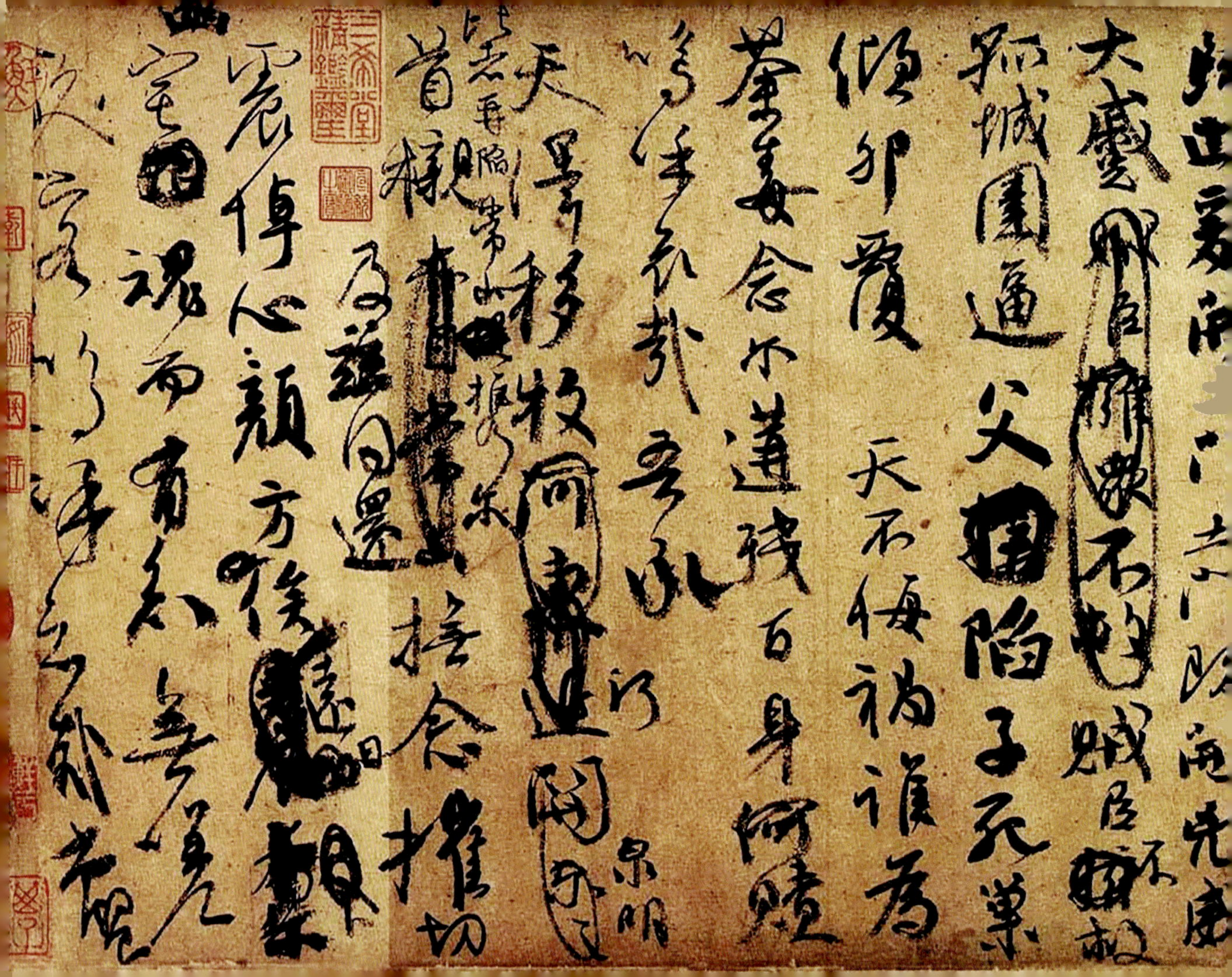

大蹙贼臣不救
孤城围逼父陷子死巢
倾卵覆天不悔祸谁为
荼毒念尔遘残百身何赎
呜呼哀哉吾承
天泽移牧河关
泉明比者再陷常山
携尔首榇及兹同还
抚念摧切震悼心颜
方俟远日卜尔幽
宅魂而有知无嗟久客
呜呼哀哉尚飨

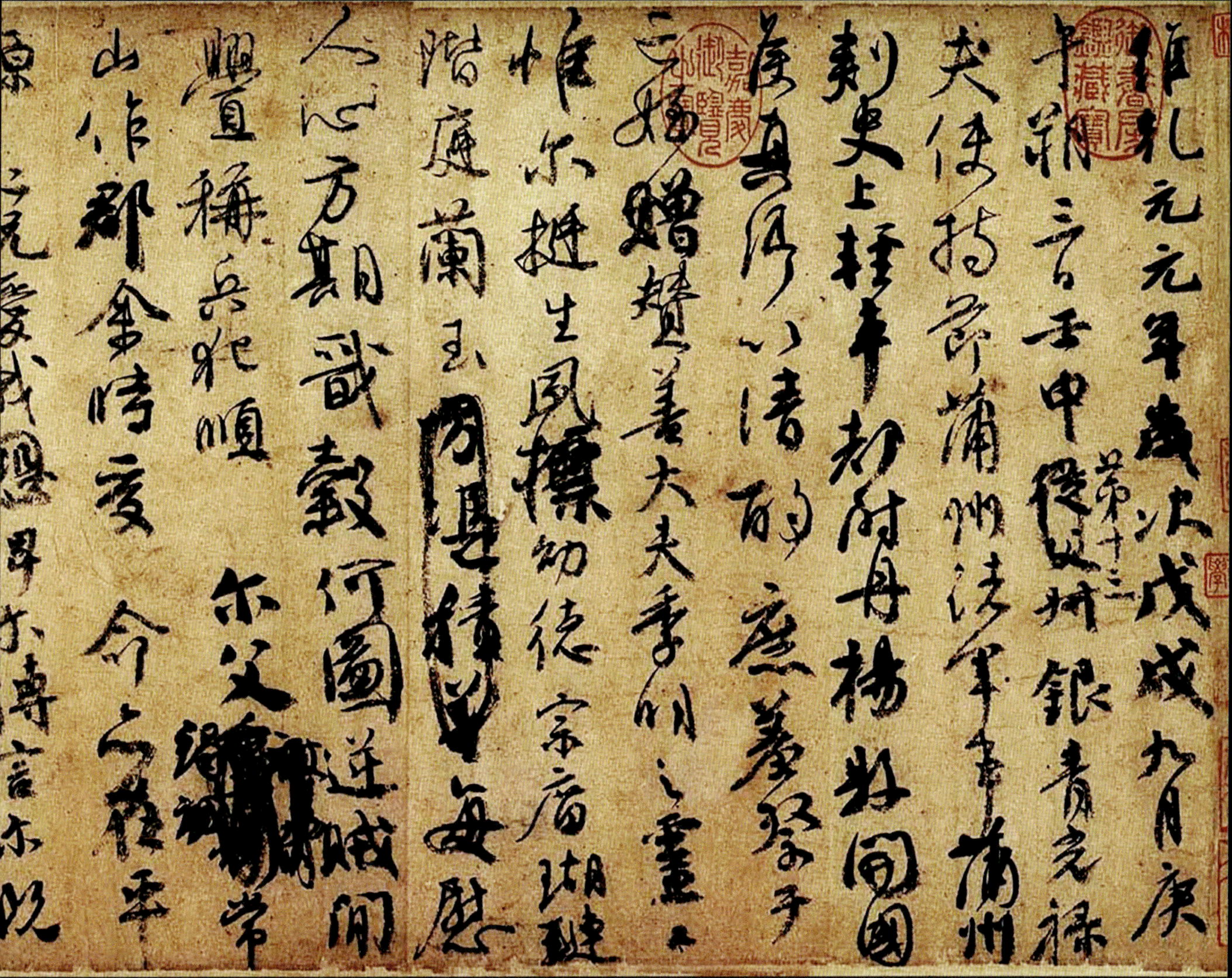
維乾元元年歲次戊戌九月庚
午朔三日壬申第十三叔銀青光祿
夫使持節蒲州諸軍事蒲州
刺史上輕車都尉丹楊縣開國
侯真卿以清酌庶羞祭于
亡姪贈贊善大夫季明之靈
曰惟爾挺生夙標幼德宗廟瑚璉
階庭蘭玉每慰
人心方期戩穀何圖逆賊間
釁稱兵犯順爾父常
山作郡余時受命亦在平
◎ 祭侄文稿 唐代 颜真卿

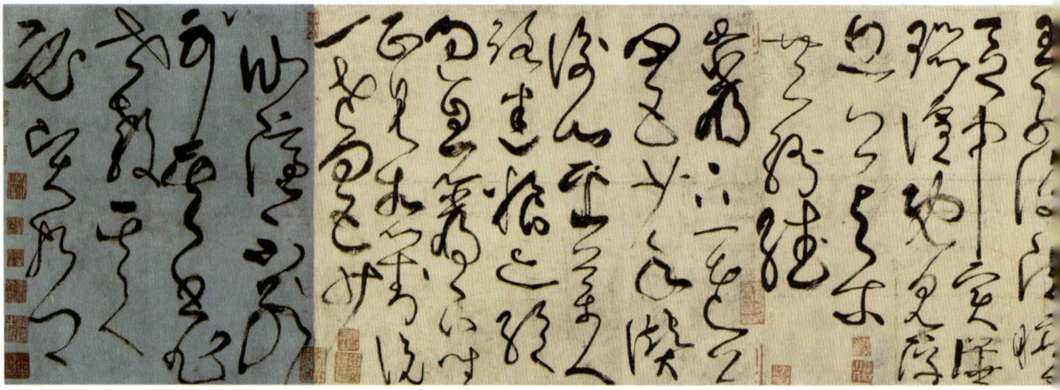

草圣张旭

杜甫《饮中八仙歌》中说，“张旭三杯草圣传，脱帽露顶王公前，挥毫落纸如云烟”。在盛唐时期，张旭（约685—759）的草书、李白的诗歌、裴旻的剑舞并称“三绝”，大约是其恣肆、放浪、天真的气息与盛唐气象极为合拍吧！

张旭号称“草圣”，他的狂草气势磅礴，纵情肆意，充满激情，时而如狂风骤雨，时而如涓涓细流，时而高昂，时而低沉，李泽厚称之为“纸上的舞蹈”。他的书法达到了盛唐艺术的高峰，对后世书法艺术发展有重大的影响。

怀素

怀素（737—799）与李白为好友，李白曾为他作诗说：“少年上人号怀素，草书天下称独步……恍恍如闻神鬼惊，时时只见龙蛇走。”所谓“上人”，是对和尚的尊称。怀素自幼出家，嗜好书法，草书与张旭齐名，并称“癫张狂素”，二人成为中国草书史上的两座高峰。怀素的草书奔放飘逸，但切中法度，不失清秀敦厚之气，传世名帖有《自叙帖》《苦笋帖》等。

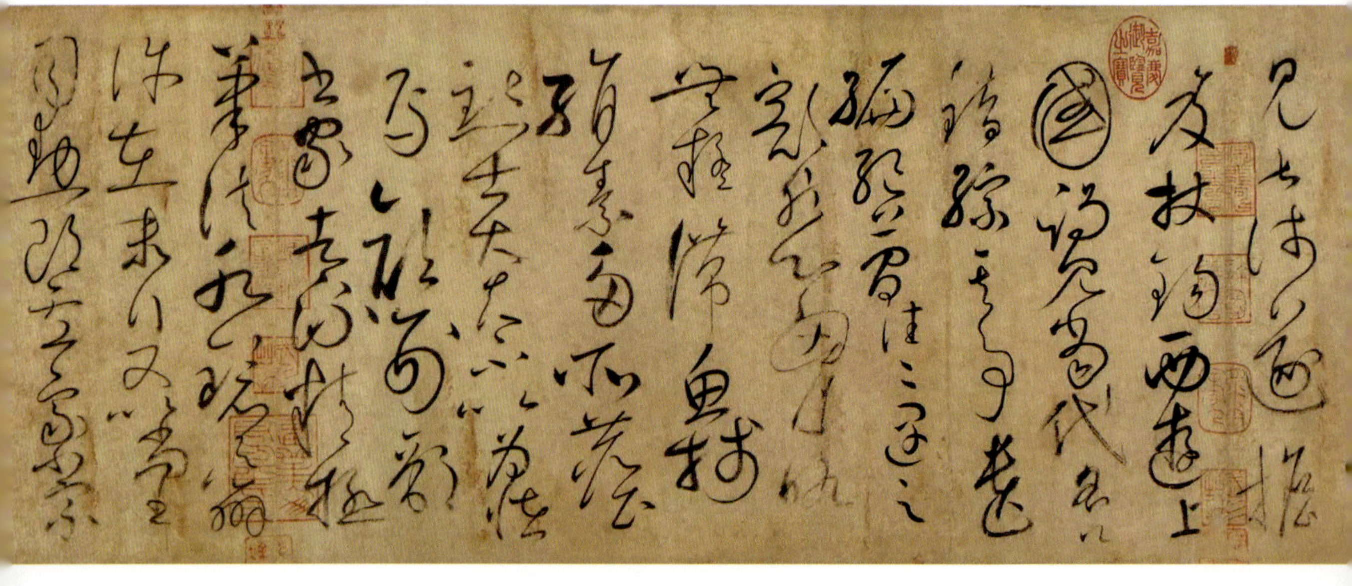

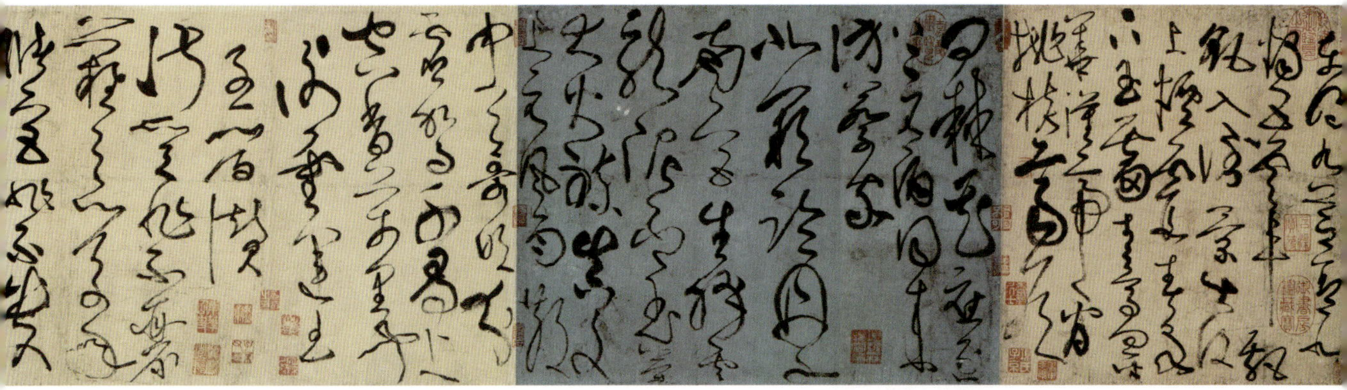

◎ 古诗四帖　唐代　张旭

梨园

唐玄宗懂音律，又酷爱法曲（隋唐时代的宫廷燕乐），因此在梨园（今西安市未央区大白杨村）建立机构训练乐工。据说玄宗选了乐部伎子弟 300 人和数百名宫女进入梨园亲自教习，凡有演奏错误处，玄宗会亲自纠正。梨园堪称中国第一座艺术学院。后世剧院戏班因此被称为“梨园”，从业者也被称为“梨园子弟”。“安史之乱”后，玄宗被尊为太上皇，形同软禁，他所喜爱的梨园子弟也失去了依靠。因此白居易《长恨歌》中有“梨园弟子白发新，椒房阿监青娥老”句。

◎ 自叙帖（局部）　唐代　怀素

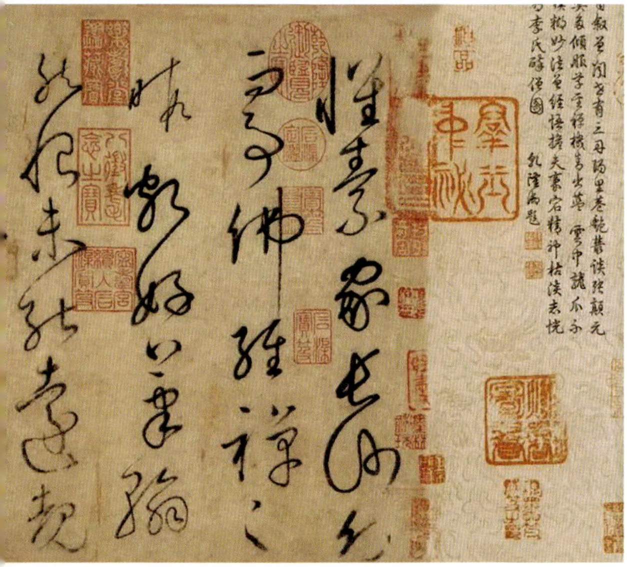

教坊

白居易《琵琶行》中的琵琶女“十三学得琵琶成，名属教坊第一部”。教坊是唐玄宗设立的管理民间歌舞百戏的机构，其中集中了大量的表演人才。唐代崔令钦《教坊记》中记载，教坊分左右，左教坊“工舞”，右教坊“工歌”。如此说来，琵琶女应该属于右教坊。唐代教坊设于开元二年（714），到天宝十四年（755）“安史之乱”爆发，唐玄宗逃往四川，教坊中人四散星离，教坊从此不存。可以说，教坊与大唐的歌舞升平相始终。

春怨

纱窗日落渐黄昏，
金屋无人见泪痕。
寂寞空庭春欲晚，
梨花满地不开门。

——唐·刘方平

燕乐

大唐的包容，在艺术上表现得最典型的便在燕乐上。燕乐是唐代宫廷宴饮时表演用的歌舞音乐，由雅乐（历代相传的宫廷音乐）、清乐（前代的乐府音乐）结合胡乐（外来音乐）而成。唐初宫廷乐队分为“十部乐”，分别为“燕乐”“清商伎”“西凉伎”“天竺伎”“高丽伎”“龟兹伎”“安国伎”“疏勒伎”“康国伎”“高昌伎”，从其名便可看出外来音乐所占比例。唐玄宗精通音律，能作曲，能打羯鼓，他将“十部乐”改为“坐部伎”与“立部伎”，前者在室内坐奏，后者在室外立奏。

《秦王破阵乐》

武德三年（620），秦王李世民率兵大破隋末割据势力刘武周军，河东（今山西省永济市）百姓欢欣鼓舞，夹道歌舞。军中士气大振，以军歌的旧曲填入新词，欢庆胜利，这便是《秦王破阵乐》的雏形。秦王骁勇善战，以军功奠定基业，登基后，他于贞观初年（627）诏令魏徵等人增撰歌词七首，又命吕才协律度曲。贞观七年（633），他又亲自对舞蹈进行调整加工，使其完善工整。《秦王破阵乐》脱胎于军歌，因此慷慨激昂、气势浑雄，是唐代宫廷歌舞中最能体现大唐盛世军威的一首。

印度与《秦王破阵乐》

《秦王破阵乐》在唐时极负盛名，甚至传到了印度。据说，玄奘前往印度，面见戒日王。戒日王曾问他：听说贵国有《秦王破阵乐》歌舞之曲，秦王是谁呢？他到底何德何能，被人如此颂扬？

《霓裳羽衣曲》

开元年间，西凉节度使杨敬述为喜好音乐的唐玄宗献上印度的《婆罗门曲》，玄宗欣然接受，对其进行修改，更名为《霓裳羽衣曲》。《霓裳羽衣曲》是唐代燕乐中最著名的一曲，它的传奇与爱情有关。传说玄宗在华清宫召见杨贵妃便奏此曲，擅长舞蹈的贵妃翩翩起舞。曲与舞相得益彰，那是“花舞大唐春”的美景。但随着“安史之乱”的到来，“渔阳鼙鼓动地来，惊破霓裳羽衣曲”（白居易《长恨歌》），大唐盛世不再，《霓裳羽衣曲》渐渐被人淡忘，曲终人散。可以说，这支曲子见证了大唐的辉煌，也见证了大唐的衰落。

《霓裳羽衣曲》的传奇

“安史之乱”后，唐帝国盛时不再，《霓裳羽衣曲》失传。五代时，南唐后主李煜与周皇后雅善音律，得到残谱后，与乐工“按谱寻声，补缀成曲”，在南唐宫廷排演，《霓裳羽衣曲》重出江湖。南唐亡国后，《霓裳羽衣曲》曲谱被付之一炬。到了南宋，大词人姜夔旅居长沙，在乐工故书中发现了一段《霓裳羽衣曲》的乐谱，他为其填了新词，将其与乐谱一起留存至今。

许合子

许合子（生卒年不详）是唐代梨园最知名的歌舞艺人。玄宗曾经单独召许合子，许合子唱歌，李谟吹笛。许合子越唱越高，李谟的笛声也越转越高。等许合子一曲歌完，李谟的笛子已经开裂了。

开元年间，玄宗在勤政楼大宴群臣，观者如山，一片嘈杂，连歌舞之声也被盖住了。玄宗不悦。高力士上奏说：请许合子出楼高歌一曲，肯定能压住这吵闹声。于是请许合子。许合子整一整头发，曼声高歌，其声音响遏行云，宛转高亢，听到的人皆静气屏息，广场一时再无人声。

“安史之乱”后，许合子逃离长安，嫁给一名士子。士子死后，许合子流落风尘，潦倒而死。

◎乐舞图 唐代 韩休墓壁画 陕西历史博物馆藏

清平调·三首

云想衣裳花想容，
清风拂槛露华浓。
若非群玉山头见，
会下瑶台月下逢。

一枝红艳露凝香，
云雨巫山枉断肠。
借问汉宫谁得似，
可怜飞燕倚新妆。

名花倾国两相欢，
长得君王带笑看。
解释春风无限恨，
沉香亭北倚阑干。

——唐·李白

李龟年

李龟年是唐代著名的宫廷乐工，他与兄弟彭年、鹤年共同谱出《渭川》之曲，深受唐玄宗宠爱，因此能常常出入王侯之家。

唐玄宗曾与杨贵妃前往沉香亭畔赏牡丹，令梨园子弟演唱助兴。玄宗说，“赏名花，对妃子，怎么能用旧词？”便让李白写了《清平调》三首，梨园子弟伴奏，李龟年演唱，一时尽欢。

“安史之乱”后，李龟年流落江南。每当良辰美景，他都会歌唱数首，其情凄惨，听到的人莫不掩面落泪。杜甫曾在江南遇到李龟年，为其赋诗一首：“岐王宅里寻常见，崔九堂前几度闻。正是江南好风景，落花时节又逢君。”（《江南逢李龟年》）

公孙大娘

开元年间，公孙大娘善于持剑作舞，其舞姿如长空游龙般矫健，又如行云流水般绵长。她不但应邀到宫廷为玄宗献艺，也常在民间表演。传说张旭、怀素在观看了公孙大娘的剑器舞后颇受启发，开始笔走龙蛇，成就了绝世书法；吴道子也看过公孙大娘的舞蹈，细细品味，将其中的道理运用到自己的绘画中。艺术之间的相互启发有至于斯！诗圣杜甫幼时曾观看过公孙大娘的剑器舞，自此念念不忘。“安史之乱”后，他目睹公孙大娘的弟子李十二娘的舞蹈，写下了著名的《观公孙大娘弟子舞剑器行》。

观公孙大娘弟子舞剑器行

昔有佳人公孙氏，一舞剑器动四方。
观者如山色沮丧，天地为之久低昂。
㸌如羿射九日落，矫如群帝骖龙翔。
来如雷霆收震怒，罢如江海凝清光。
……
先帝侍女八千人，公孙剑器初第一。

——唐·杜甫

惊鸿舞

曹植《洛神赋》中写他在洛川见到的河洛之神宓妃身形之美：“翩若惊鸿，婉若游龙。”《惊鸿舞》应得名于此。《惊鸿舞》是唐代宫廷舞蹈，传说唐玄宗的宠妃梅妃最擅长跳此舞，玄宗曾赞美梅妃“吹白玉笛，作《惊鸿舞》，一座光辉”。《惊鸿舞》模仿鸿雁在天空翩翩起舞的姿态，舞姿轻盈优美，飘逸潇洒。唐人李群玉有诗描写这种舞蹈：“翩如兰苕翠，婉如游龙举……低回莲破浪，凌乱雪萦风。”足见其姿态之美。

◎ 陶彩绘女舞俑 唐代

◎ 胡旋舞伎乐俑群　唐代

胡乐与胡舞

所谓胡乐胡舞，是指西域地区的音乐舞蹈。胡乐胡舞在南北朝时已传入中原，入唐后更成为一时风尚。唐代乐舞正是中国传统音乐舞蹈与胡乐胡舞融合的结果。唐代宫廷乐队分为“十部伎”，其中天竺伎、龟兹伎、安国伎、疏勒伎、高昌伎、康国伎等都是胡乐，可见胡乐胡舞在当时的兴盛程度。大唐兼收并蓄的包容气度，在乐舞方面表现得最为明显。

胡旋舞

胡旋舞是唐代最流行的胡舞。它属于唐代舞蹈中的健舞，节奏鲜明，动作轻盈。传说唐玄宗偏爱胡旋舞，安禄山虽然体重 330 斤，连走路都需要人扶持，但为取悦玄宗，居然能为玄宗跳胡旋舞，而且跳得“疾如风焉”！

阎立本

阎立本（601—673）出身贵族，其外祖为北周武帝宇文邕，其母为清都公主。唐高祖武德年间，阎立本便在秦王府任库直（只能由名门亲贵子弟担任的王府属官）。阎立本因出身高贵，兼擅丹青，故有机会以画笔记录大唐的众多大事：著名的昭陵六骏，是以阎立本绘制的图样刻成；凌烟阁二十四功臣像，也由阎立本绘制而成。他还绘制了大慈恩寺的图式和佛像。

阎立本的画作保留至今的有收藏于故宫博物院的《步辇图》（为宋人摹本），描绘了贞观十五年（641）唐太宗接见前来为松赞干布求娶文成公主的吐蕃使臣禄东赞的情景，还有收藏于美国波士顿美术馆的《历代帝王图》等。

◎ 历代帝王图 唐代 阎立本

吴带当风

与出身贵族的阎立本不同，吴道子（约 680—759）出身寒素，曾随张旭学习书法，后改学绘画，终于成为唐代著名的画家。开元年间，因画作“穷丹青之妙”而被召入宫中。在随玄宗前往洛阳时，将军裴旻舞剑、张旭挥毫泼墨、吴道子奋笔作画，时谓三绝，吴道子自此被称为“画圣”。

吴道子擅长画佛道人物，他的画作，以充满韵律美的线条描摹人物的形状，尤其画仙道人物时，笔势圆转，人物的衣袂飘带仿佛在随风招展，这种画风被称为“吴带当风”。

◎ 八十七神仙卷（局部） 唐代 吴道子 徐悲鸿纪念馆藏

《簪花仕女图》

唐代人物画盛行，周昉便是中唐最负盛名的仕女画画家。传说现藏于辽宁博物馆的《簪花仕女图》为周昉的手笔。《簪花仕女图》中绘制了五名体态丰满、衣饰华丽、雍容华贵的唐代贵族妇女和一名手持长柄团扇的仕女，还点缀着追逐嬉戏的小狗、白鹤和辛夷花。整幅作品以细腻精致的笔触和简洁遒劲的线条与复杂的色调，展示了唐代贵族女性闲适富足慵懒的生活面貌。

《簪花仕女图》是全世界唯一传世的唐代仕女画孤本，是中国绘画史上最重要的作品之一。

昭陵六骏

唐太宗李世民 18 岁起即四处征战，为大唐奠定了兴盛的基业。继位后，他命阎立本为自己曾经骑过的六匹马：白蹄乌、青骓、特勒骠、飒露紫、什伐赤、拳毛騧画像，并命工匠根据原画进行雕刻，置于昭陵北麓祭坛处。六骏的石雕采用圆雕与浮雕结合的手法雕刻，成品每块高 1.71 米，宽 2.05 米，厚 0.3 米，造型粗犷有力，姿态各不相同，代表了初唐雕刻艺术的最高成就。

昭陵六骏民国时遭到破坏，其中飒露紫和拳毛騧流落海外，现藏美国宾夕法尼亚大学博物馆，其余四骏藏于西安碑林博物馆。

◎ 昭陵六骏浮雕　唐代

◎ 昭陵六骏图卷　金代　赵霖　北京故宫博物院藏

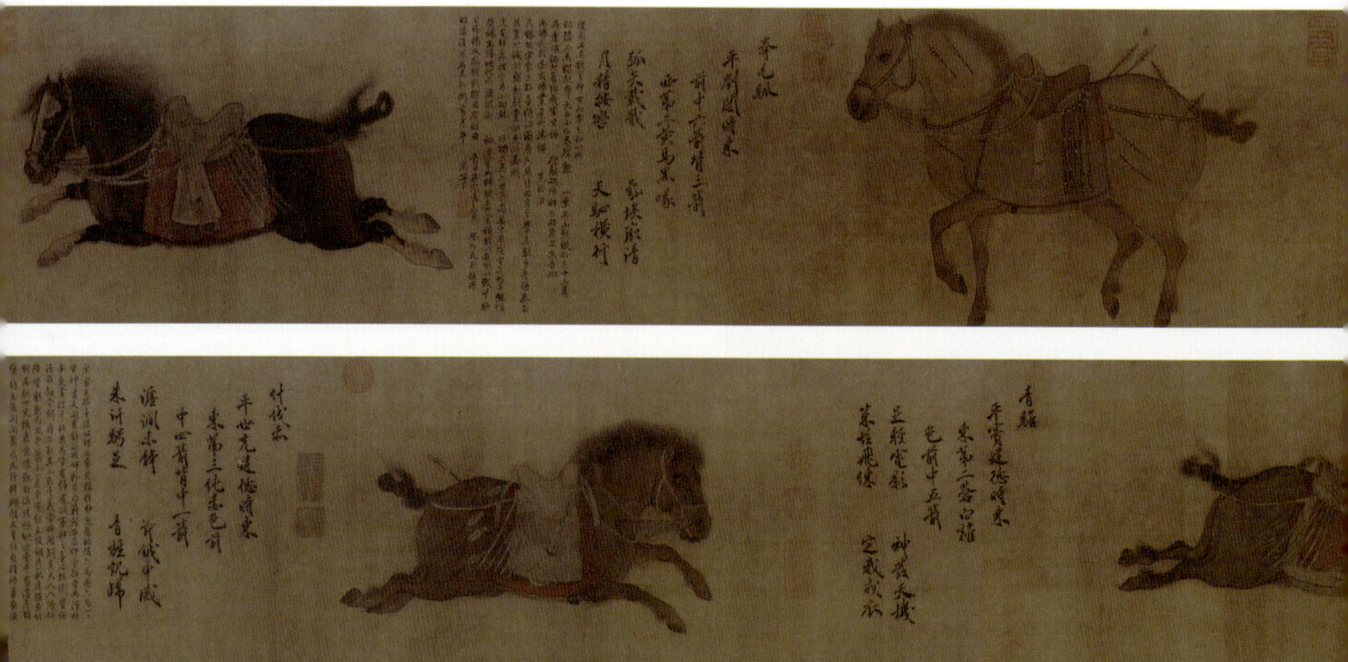

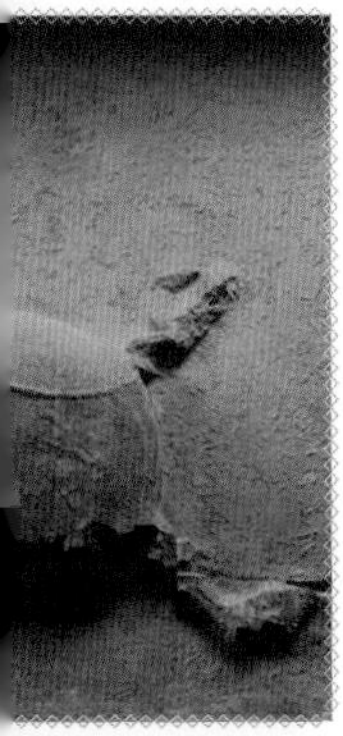

戌時

戌时 / 颜真卿 字

19:00-21:00

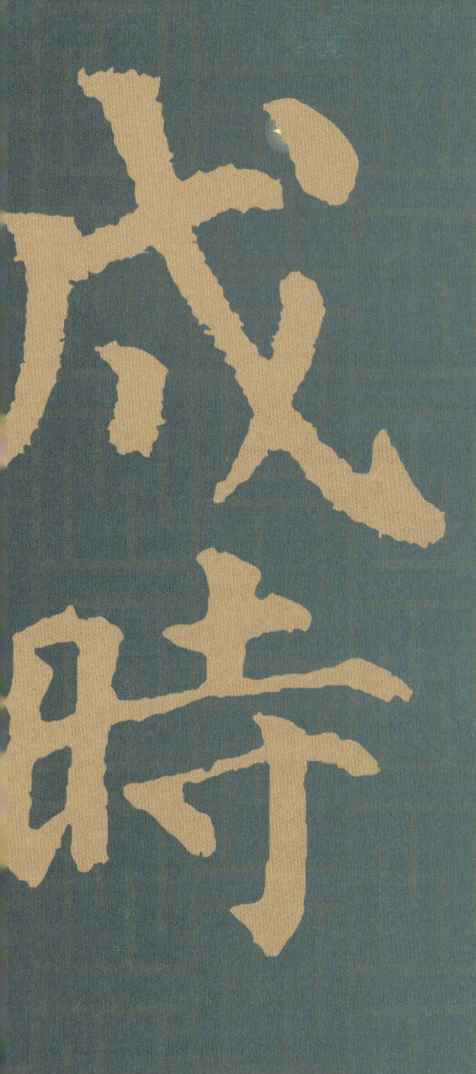

第十一章

戌时，黄昏，平康坊

戌时（19:00—21:00），城北的平康坊中，比往日要更加热闹。平日长安城宵禁，唯有此间，常年华灯彻夜明。坊间有长安最大的青楼，夜色下，楼外楼中张灯结彩，有不少佳丽已早早被青年才俊邀约去参观城中的上元灯展，但高楼之中，依旧有不少靓装舞袖依然在轻歌曼舞，引得座中的青年游侠目不转睛，执杯忘情。比起文人墨客的拘谨，年轻的侠客们行事明显要更加放荡不羁。

上元节的平康坊流光溢彩，像一座琉璃之城，可在这浮华无波的外表下，却无时无刻不有暗潮汹涌，正如这座帝都之中，每一天都有无数的事情在发生。可是总有这样或者那样的力量，任侠使气，路见不平则鸣，在保护着人们，保护着整个城市，这或许就是这个王朝强劲风骨的外化，也是游侠们可以存在的理由。

宴席之上，游侠们持着佳酿，对着美人，觥筹交错间，回忆自己当年放马塞外、漫游名山的经历。那些岁月已远，忆之如在梦中，眼前的繁华又很近，也恍若身在梦中。

这是大唐，他们在长安。

平康往事

· 平康坊

· 都知

· 红拂女

· 颜令宾

· 李娃

平康坊

平康坊邻近尚书省官署，是举子、外省驻京官员等各路进京人士聚集的地方。《开元天宝遗事》记载：“长安有平康坊者，妓女所居之地，京都侠少，萃集于此。……时人谓此坊为风流薮泽。”这里是才子佳人风月情愫的滋生地，也是长安最热闹的社交场所。唐传奇《李娃传》就讲的是一个进京赶考的举子与平康坊名妓李娃的旷世爱情故事。《霍小玉传》中的新科进士李益也是借住在平康坊妓女霍小玉家中留京待选的。平康坊的歌妓舞姬们都接受过严格的专业训练，琴棋书画、诗词歌赋、音律歌舞样样精通，甚至还懂外语。她们有文化、品位高，可谓色艺双绝。孟郊的“春风得意马蹄疾，一日看尽长安花”中的“花”，一说就是指平康坊中这些花一般的女子。这些教坊女子住在平康坊东侧的北里，“北里”分为三曲，从北到南分别为北曲、中曲、南曲。其中北曲是地位低下的女子所居，中曲和南曲居住的都是比较高级的青楼女子。

北里

平康坊

李娃

都知

坊中最顶尖的名妓叫作“都知”，也叫“席纠”，青楼中若有大型宴会，就需要她们来做主持人。都知不仅要把握场面、活跃气氛，还要熟悉各种诗词典籍、成语俗话，当大家在行酒令的过程中评判对错，同时让“觥纠”（负责罚酒的姑娘）去罚酒。就如同一个出色的主持人，一场活动下来，要使整场的宾客都高兴，就是能够镇住全场。可以想象，这样的角色不是任何人都可以轻易做好的，担任这个职务的通常都是顶级艺妓。

红拂女

红拂女本名张出尘，相传为隋唐时的侠女，是李靖的红颜知己、结发妻子。她与虬髯客、李靖并称“风尘三侠”。唐传奇《虬髯客传》讲的就是红拂夜奔李靖的故事。红拂的父亲本是陈朝大将，后被隋将史万岁所杀，隋文帝将红拂的母亲赐给近臣杨素，在杨府当乳娘。红拂在杨府长大后成为杨素的侍妓。因一直贴身侍奉杨素，与前来投靠杨素门下的李靖相遇。红拂心底倾慕李靖的才干人品，暗中派人打探到李靖的住处后，连夜投奔李靖，自此追随一生。

红拂女是中国古代奇女子的代表，她眼光独到，敢作敢为、果敢热烈的性格正是唐代侠女风骨的缩影。

◎ 乐舞图（局部） 唐代 韩休墓墓室东壁 陕西历史博物馆藏

◎ 女史箴图（局部） 唐代摹本

颜令宾

作为大唐最负盛名的名妓之一，颜令宾得以名重一时，并非因为她的窈窕美貌，而是她过人的才情。颜令宾精通音律、能诗能画，博古通今、谈吐高雅，就曾是平康坊中有名的“都知”。她不爱金钱财富，却偏好诗词书画，不喜结交权贵，素来爱同文人雅士往来，当时的长安文客，无不以能够参加颜令宾主持的文酒之会而荣幸。

这样一个在红男绿女、风流才子中周旋的一代名妓，自然是娇客如云，但花团锦簇之下反而真心难得。聪慧如颜令宾，自然不会为虚妄的情话和欢场上的浓情所惑，她真正交心的恋人是与她同样出身卑微的“凶肆歌者”刘驰驰。刘驰驰虽然是靠为人唱挽歌谋生的伶人，却才华横溢，擅作诗文，与颜令宾志趣相投又同病相怜。他们私下约定，终有一日要冲出平康坊这座华美又残酷的牢笼，赎身之后去过属于自己的生活。

然而世事弄人，颜令宾在一次文酒会后染上风寒，竟一病不起。随着身体的每况愈下，颜令宾自知时日无多，便为自己筹划了一场特殊的“告别仪式”。她自作了一首小诗:“气余三五喘，花剩两三枝;话别一樽酒，相邀无后期。”并将这首诗抄写多份作为请柬，让人送给昔日交好的友人，邀请他们前来赴一场最终的盛宴。

这是平康坊中一代花魁所发出的最后一张浣花笺，众多文人雅士纷纷前来见她最后一面。众人在酒宴上强颜欢笑，不忍露出悲戚之色，酒过三巡之后，颜令宾支撑着病弱的身体，与宾客们最后话别，她希望在她死后，友人们能以文相送，便也不枉此生。

这次宴请后没多久，颜令宾便香消玉殒。当老鸨想借她的葬礼再大捞最后一笔时，前来吊唁的人们，遵照她的遗言，拿来的都是一篇篇辞藻华美、情真意切的诗文。气得老鸨将这些诗文全部从青楼的窗户扔出。

然而有一个人，却带着悲痛与虔诚，在车水马龙的平康坊街头将这散落一地的追忆颜令宾一颦一笑的诗文如珍宝一般收集起来，他就是因身份卑微而无法去灵堂吊唁爱人的刘驰驰。

李娃

唐传奇《李娃传》中讲述了平康坊妓女李娃与郑生的故事。只身一人来长安参加科举考试的郑生和广大外地学子一样流连在繁花似锦的温柔乡平康坊，在这里他遇上了妓女李娃，并疯狂陷入其中。然而一掷千金的日子终究不能长久，很快郑生将可以支撑两年的盘缠花费殆尽。没了钱自然也就没了人，郑生被赶出了妓馆。穷困潦倒疾病缠身的郑生差点死在街头，最后只得投靠丧铺，靠在丧事上唱挽歌过活。然而就在郑生因唱挽歌声名大噪的时候，他的父亲在长安城偶遇到他，并在愤怒之下几乎将他打死。失去了生活来源的郑生沦为乞丐，贫病交加。在这样的人生最低谷时，一个大雪纷飞的冬日，郑生和李娃偶然重逢了。

见到这样悲惨的郑生，李娃心痛极了，或许是出于歉疚，或许是仍有真情，她自己为自己赎了身，搬出了妓馆，开始全心全意照顾郑生。在她的悉心照料下，郑生日渐康复。李娃又鼓励他继续参加科举考试，几年的努力之后，郑生在科举考试中一举夺魁。就在他准备新官赴任四川之时，李娃告诉郑生，自己到了离开的时候，毕竟新科状元的妻子不能是娼门出身的。在郑生苦苦哀求下，李娃送他入川到剑门，命运的齿轮冥冥中转动，郑生的父亲恰巧是蜀地的地方官，三人相遇了。郑生的父亲原谅了改过自新的儿子，并且认可了将儿子从低谷中拉出来的李娃，李娃和郑生终成美满姻缘。

◎ 韩熙载夜宴图（局部） 五代 顾闳中

游侠天下

·长安侠少集聚地

·唐诗中的游侠

长安侠少集聚地

“十步杀一人，千里不留行。事了拂衣去，深藏身与名。”唐人的骨血中充斥着浓重的游侠情结，侠客轻生死重情义的思想观念一直受到唐人推崇。游侠是唐朝社会的风尚，青年们喜爱鲜衣怒马、呼朋引伴疾驰于街巷。强盛的国力、繁荣的商业为游侠之风提供了丰富的物质基础，北方游牧民族的融合使得“尚武”之风浸入中土文化。海纳百川、富庶繁华的长安城成为游侠们的集聚之地。他们流连于华灯初上的平康坊醉卧花丛，回忆着当年塞外边关挥斥方遒、驱敌于千里之外的往事。他们身上烙印着长安的气息，有着长安城的浮华与纸醉金迷，也有着长安城的荣誉与尊严。

十步杀一人，千里不留行。
事了拂衣去，深藏身与名。

唐诗中的游侠

游侠是唐朝社会具有象征意义的精神偶像，这也反映在了文学创作中，游侠诗在唐朝发展到了空前绝后的巅峰。唐人尚武，推崇豪杰的价值观也与盛唐锐意进取、昂扬奋进的时代精神相辅相成。因此唐诗中的游侠，都是理想化的社会偶像。他们情思浪漫、飞扬洒脱，不肯循规蹈矩。他们“斗鸡过渭北，走马向关东”，平日游冶玩乐、斗鸡走狗，战时又能立刻披上戎装建功立业，充满了荣誉感和使命感，他们似乎从不为经济担忧，过着惬意舒适又快意恩仇的生活，成为大唐青年的梦想。这样集个性化与英雄主义为一体的群体形象，寄托了诗人们的理想化生活状态，也正与唐朝自由开放的社会气质相吻合。

◎ 李白像

唐诗中游侠诗的代表作

侠客行

赵客缦胡缨，吴钩霜雪明。
银鞍照白马，飒沓如流星。
十步杀一人，千里不留行。
事了拂衣去，深藏身与名。
闲过信陵饮，脱剑膝前横。
将炙啖朱亥，持觞劝侯嬴。
三杯吐然诺，五岳倒为轻。
眼花耳热后，意气素霓生。
救赵挥金槌，邯郸先震惊。
千秋二壮士，烜赫大梁城。
纵死侠骨香，不惭世上英。
谁能书阁下，白首太玄经。

——唐·李白

隐隐朱城临玉道，遥遥翠幰没金堤。
挟弹飞鹰杜陵北，探丸借客渭桥西。
俱邀侠客芙蓉剑，共宿娼家桃李蹊。
娼家日暮紫罗裙，清歌一啭口氛氲。
北堂夜夜人如月，南陌朝朝骑似云。
南陌北堂连北里，五剧三条控三市。
弱柳青槐拂地垂，佳气红尘暗天起。
汉代金吾千骑来，翡翠屠苏鹦鹉杯。
罗襦宝带为君解，燕歌赵舞为君开。
别有豪华称将相，转日回天不相让。
意气由来排灌夫，专权判不容萧相。
专权意气本豪雄，青虬紫燕坐春风。
自言歌舞长千载，自谓骄奢凌五公。
节物风光不相待，桑田碧海须臾改。
昔时金阶白玉堂，即今惟见青松在。
寂寂寥寥扬子居，年年岁岁一床书。
独有南山桂花发，飞来飞去袭人裾。

——唐·卢照邻

◎ 明皇幸蜀图卷　唐代　李昭道　台北“故宫博物院”藏

长安古意

长安大道连狭斜，青牛白马七香车。
玉辇纵横过主第，金鞭络绎向侯家。
龙衔宝盖承朝日，凤吐流苏带晚霞。
百尺游丝争绕树，一群娇鸟共啼花。
游蜂戏蝶千门侧，碧树银台万种色。
复道交窗作合欢，双阙连甍垂凤翼。
梁家画阁中天起，汉帝金茎云外直。
楼前相望不相知，陌上相逢讵相识。
借问吹箫向紫烟，曾经学舞度芳年。
得成比目何辞死，愿作鸳鸯不羡仙。
比目鸳鸯真可羡，双去双来君不见？
生憎帐额绣孤鸾，好取门帘帖双燕。
双燕双飞绕画梁，罗帷翠被郁金香。
片片行云着蝉鬓，纤纤初月上鸦黄。
鸦黄粉白车中出，含娇含态情非一。
妖童宝马铁连钱，娼妇盘龙金屈膝。
御史府中乌夜啼，廷尉门前雀欲栖。

◎ 明皇幸蜀图卷　唐代　李昭道　台北“故宫博物院”藏

故乡三千里，辽水复悠悠。
每愤胡兵入，常为汉国羞。
何知七十战，白首未封侯。

——唐·陈子昂

少年行四首

唐·王维

新丰美酒斗十千，
咸阳游侠多少年。
相逢意气为君饮，
系马高楼垂柳边。

汉家君臣欢宴终，
高议云台论战功。
天子临轩赐侯印，
将军佩出明光宫。

一身能擘两雕弧，
虏骑千重只似无。
偏坐金鞍调白羽，
纷纷射杀五单于。

出身仕汉羽林郎，
初随骠骑战渔阳。
孰知不向边庭苦，
纵死犹闻侠骨香。

◎ 湖庭游骑图轴（局部） 唐代 李昭道

◎ 江帆楼阁图（局部） 唐代 李思训

感遇·其三十四

朔风吹海树，萧条边已秋。
亭上谁家子，哀哀明月楼。
自言幽燕客，结发事远游。
赤丸杀公吏，白刃报私仇。

古游侠呈军中诸将

少年负胆气，好勇复知机。
仗剑出门去，孤城逢合围。
杀人辽水上，走马渔阳归。
错落金锁甲，蒙茸貂鼠衣。
还家且行猎，弓矢速如飞。
地迥鹰犬疾，草深狐兔肥。
腰间带两绶，转眄生光辉。
顾谓今日战，何如随建威？

——唐·崔颢

亥時

亥时 / 欧阳询 字

21:00-23:00

第十二章

亥时，人定，醉扶归

亥时（21:00—23:00），此时若能登高俯瞰，定能看清长安城棋盘般的街道上，一波又一波的光河顺着人流行走的方向蔓延着。今夜是全城人一年一度的灯火盛会，是一年中最为喧嚣热闹的佳节。近一个月前灯市就开始客流不断，人们流连灯店，精心拣选，就只为了这一夜的呈现。上元夜一到，果见满城里月色灯山，香车宝盖，光华溢满了整座皇都。

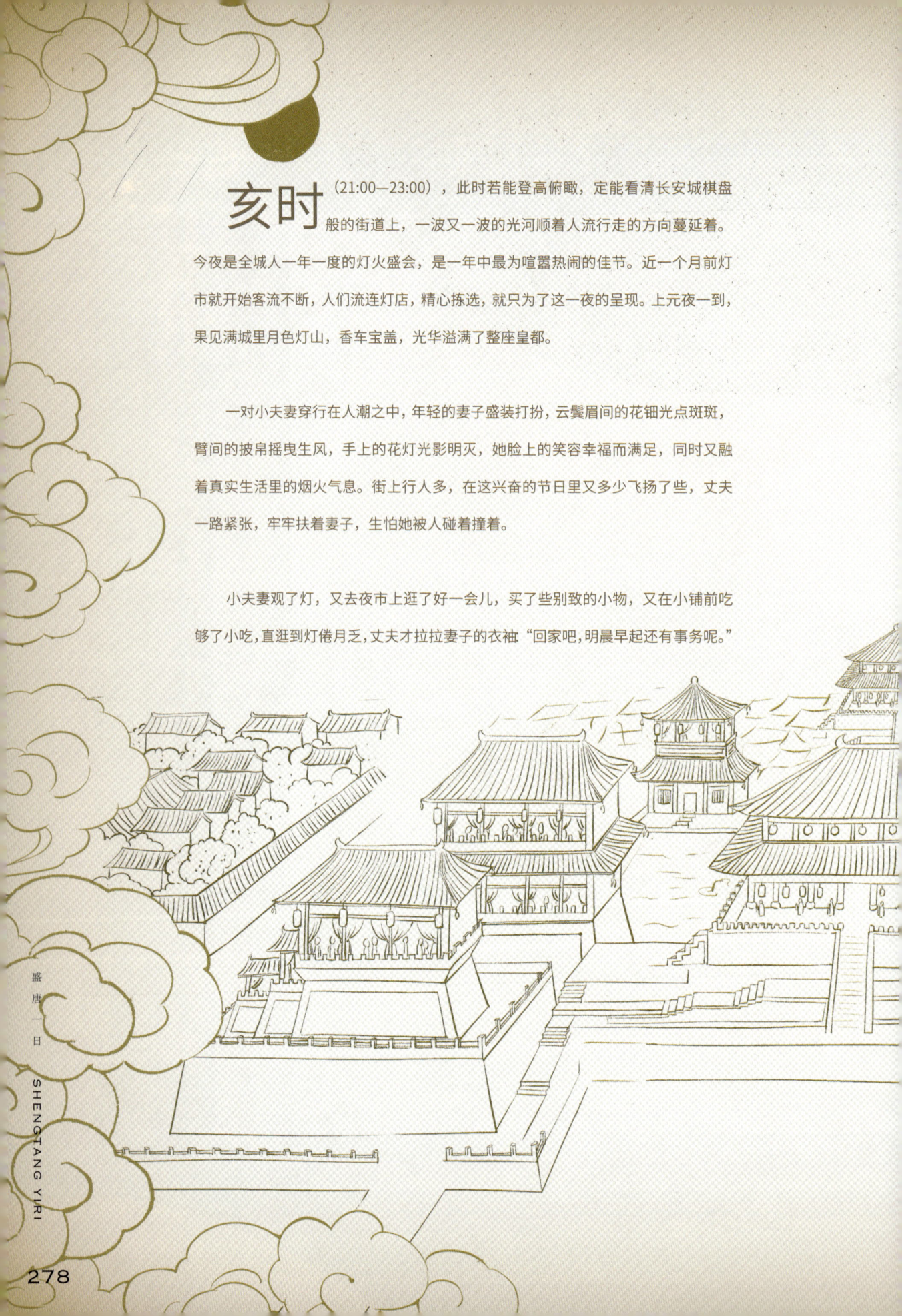

一对小夫妻穿行在人潮之中，年轻的妻子盛装打扮，云鬓眉间的花钿光点斑斑，臂间的披帛摇曳生风，手上的花灯光影明灭，她脸上的笑容幸福而满足，同时又融着真实生活里的烟火气息。街上行人多，在这兴奋的节日里又多少飞扬了些，丈夫一路紧张，牢牢扶着妻子，生怕她被人碰着撞着。

小夫妻观了灯，又去夜市上逛了好一会儿，买了些别致的小物，又在小铺前吃够了小吃，直逛到灯倦月乏，丈夫才拉拉妻子的衣袖："回家吧，明晨早起还有事务呢。"

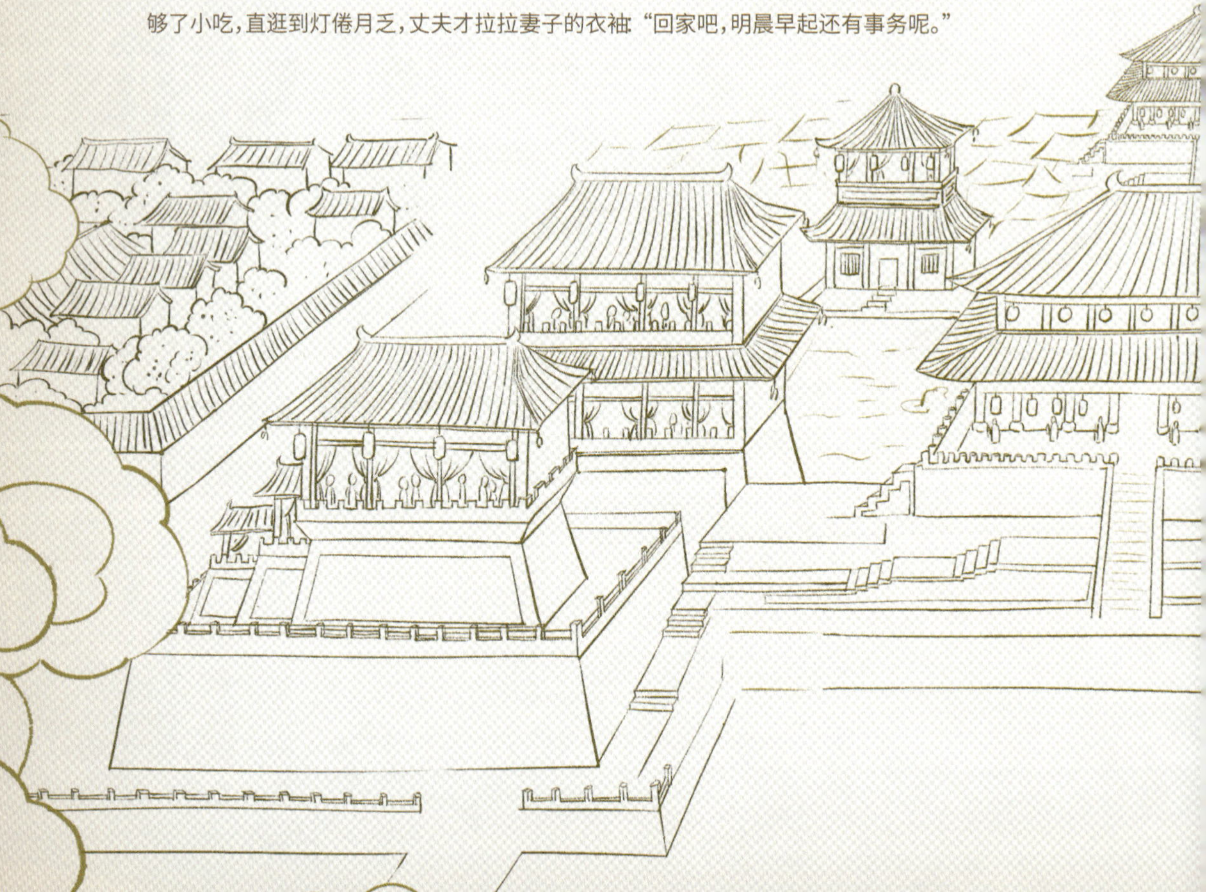

小妻子恋恋不舍，繁华将尽，人便有些不舍而怏怏的：“怎么一年一年的，这么快就过了，盼了那么许久的年节，过了却分明像没几天似的。”

年轻的夫婿便好言劝她：“好日子多着呢，你不是才央人替你缝了新衣，准备花朝时踏青去吗？”

是啊，今夜的上元，一月后的花朝，还有上巳、清明、中秋、重阳……一年当中有这么多丰盛美好的日子，一段段地为生活注入光与色。

这是大唐，他们在长安。

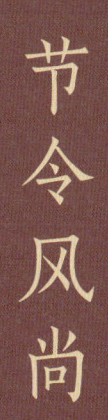

节令风尚

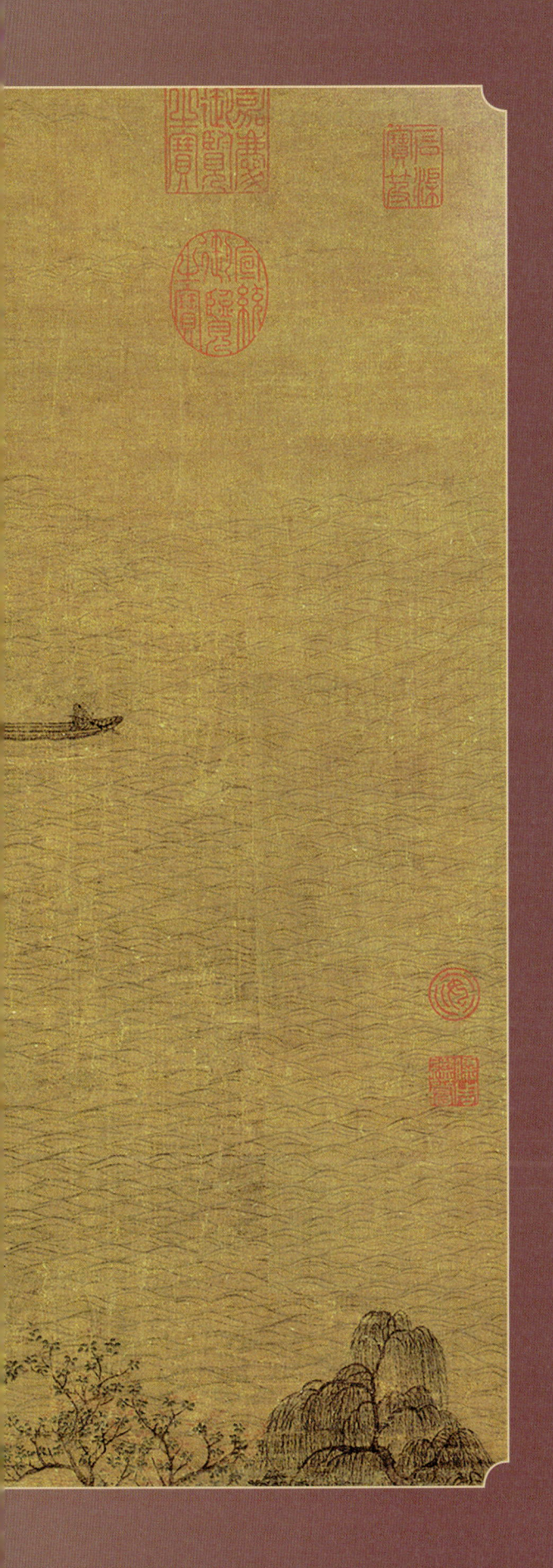

元日

元日就是元旦，旧历的正月一日，每年的第一天，处于新旧交替、辞旧迎新之时，在当时的地位正如今天的“春节”，是唐朝人最受重视的节日。当时的人们将除夕之夜与元日之晨连在一起，通宵欢乐，彻夜不停。与今天相同，古代的元日也是合家团聚的节日，人们在这一天吃团圆饭，歌舞欢庆，祭祀祖先，同时还张贴春联，燃放爆竹，在热烈的气氛里进入新年。亲友间还会在这个节日里拿着“拜年帖”拜会亲友。因为昭示着万象更新的吉祥意头，所以元日也是唐代朝廷最为重视的节日之一。这一天，文武百官会穿着礼服朝拜天子。皇帝也会给臣子下发许多赏赐。

◎《温飞卿诗集笺注》

清康熙三十六年（1697） 顾氏秀野草堂刻本

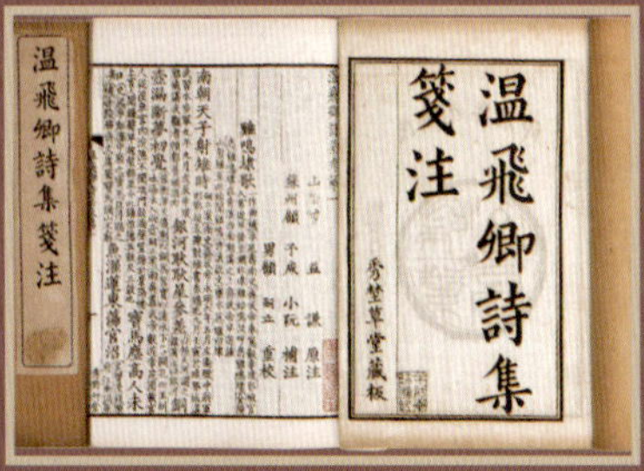

人日

人日在今天虽然已经不常被人提起，但在古代，它也是中国的传统节日之一。人日在每年农历的正月初七，相传女娲在创世之初，在先造出鸡狗猪羊等动物后，又在第七天造出了人，所以古人便将正月初七这一天定为人的生日。古代人日，人们会吃用七种菜烹制的七宝羹，会将彩纸或金箔剪成花或小人的图案，用来张贴或佩戴，这种饰物也被称为“人胜”。唐人也有人日登高的风俗，在这一天，仕女结伴出游，文人登高赋诗，都是当时常见的景象。

上元

唐代时将正月十五、七月十五和十月十五分别定为上元、中元与下元三节。上元节也就是今天的元宵节，至今仍是最负盛名的传统节日之一。观灯是这个节日中最为重要的活动，唐玄宗为了彰显大唐国力的强盛，特地将上元节从一夜延伸至三夜，在上元节前后三晚，唐朝廷暂停一直奉行的宵禁政策，彻夜不闭坊门，方便市民外出观灯。上元之夜是长安城一年之中最为喧嚣的夜晚，满城人头攒动，处处流光溢彩，街巷当中各类华灯将长安城映照得金碧辉煌。此外坊间还会有各式各样的歌舞游冶活动，精彩纷呈，美妙绝伦。

> 水精帘里玻璃枕，暖香惹梦
>
> 藕丝秋色浅，人胜参差剪，
>
> ——唐·温庭筠《菩萨蛮》

鸯锦。江上柳如烟，雁飞残月天。
鬟隔香红，玉钗头上风。

立春

立春是二十四节气中的第一个节气，在古时候也被视作节日，人们称它为“立春节”“正月节”。“立”是开始的意思，春则是岁时新一轮的开始，是一个万象更新的日子，古人十分重视，往往重大的祭祀、敬神、迎春等仪典都选在此时进行，在这个日子里，人们有“打春”“踏青”等风俗。

打春

迎春

花朝

花朝节是一个被遗忘的节日，古人曾将这一天附会为百花的生日。唐代时，花朝节更多还是在士族文士之间流行，每到这一天，士人们会结伴去郊游赏花，饮酒赋诗，姑娘们也会在这天相约出户，斗花斗草，祭拜花神。在古代，花朝曾一直与月夕（中秋节）相对应。《风俗志》中完整地提到这两个节日的关联：“盖花朝月夕，世俗恒言二、八两月为春秋之半，故以二月半为花朝，八月半为月夕也。”花与月，朝与夕，春与秋，二月半与八月半，名称和时间上都对应得整齐，可见这两个节日的地位也曾是相当的。因为中国地域广阔，各地气候迥异，花信不同，因而花朝节日期也有不同的说法，北方一般在二月十五，南方一般在二月十二。

上巳

上巳节，俗称三月三，以其为“干支”纪日中三月上旬的第一个“巳日”而得名。上巳节是过去“岁时祓除”活动中最重要的节日，这一天，人们会去水边沐浴，洗去尘垢，去除不祥。唐朝时，上巳演变成一个全民性的隆重庆典，这一天，人们除了水边祓禊之外，还有踏青、宴饮等活动。这一天，唐朝皇帝会在城南的曲江赐宴，都城中的男女老少也会盛装前往郊外，在曲江畔欢宴笑谈。诗圣杜甫在诗作《丽人行》中描述这一日长安水畔的热闹场面：“三月三日天气新，长安水边多丽人。”

祓禊

踏青

宴饮

寒食

寒食节的这一天，风俗是禁烟火，只吃冷食，所以叫作“寒食节”。民间传说中，寒食节和春秋时期的名臣介子推有关。但实际上，这个节日却是同中国北方漫长的禁火、改火的习惯有关。古人认为，一年四季中不能使用同一个火种，火用久了就应该重新更换，而在熄灭旧火与迎接新火之间，需要有一段无火的时间。在这段时间里，人们便主要吃冷食。寒食节主要在中国的北方流传，虽然曾一度被朝廷废止，但却始终受到老百姓的欢迎。唐玄宗将寒食节风俗编入《开元礼》中，并确立为全国法定长假。寒食节在唐代一度被定为三天，分别叫大寒食、官寒食、小寒食。唐朝后期，寒食节慢慢式微，后来渐渐与清明节融合。

春城无处不飞花，
寒食东风御柳斜。
日暮汉宫传蜡烛，
轻烟散入五侯家。

—— 唐·韩翃《寒食》

清明

清明节在雨水丰沛、草木葱茏的春天，名称意为“清洁明净”。它既是二十四节气之一，又是重要的传统节日。从千年前起，祭扫和踏青就是清明节的两大主题。清明是一个肃穆的节日，是中国人的春祭大节，中国人对清明节一贯以来的重视，体现着中华民族慎终追远的民族情感。清明又是一个快乐的节日，唐朝时，清明开始融合寒食和上巳节的许多风俗，成为人们踏青游春、亲近自然的契机。

> 清明时节雨纷纷，
> 路上行人欲断魂。
> 借问酒家何处有，
> 牧童遥指杏花村。
>
> ——唐·杜牧《清明》

端午

端午节又被称为“端阳节”“龙舟节”，也是最受中国人重视的大节之一。端午节最早源自远古时期的天象崇拜，也与早期先民的图腾祭祀有关。传说中，战国时期的爱国诗人屈原在此日投汨罗江自尽身亡，所以这个节日后来也被定为纪念屈原的节日。古时端午节的许多风俗，到今天依然流行着，比如龙舟竞渡、吃粽子、喝雄黄酒、系彩带、插艾草，等等。端午节是唐朝朝廷官方认定的节日，宫廷、官府和民间都有各式各样的庆祝活动。

◎ 龙舟竞渡图 唐代 李昭道

七夕

七夕又称“乞巧节”，是中国的情人节，也是一个富有浪漫色彩的节日。它来源于古老的星宿崇拜，又同牛郎织女鹊桥相会的爱情传说联系紧密，所以一直很受中国青年男女的欢迎。七夕节中，女子们有观牛郎织女星、香案拜月、乞巧斗巧等活动。乞巧是七夕节最具特色的活动，也是妇女们展示心灵手巧的盛会。七夕节时，无论是宫廷之中，还是平民人家里，都会有些庆祝佳节的活动，人们纷纷陈列瓜果糕点，来祭拜明月与牛郎织女双星，同时也会有热闹的宴饮，在欢声笑语中度过这个快乐的节日。

七夕今宵看碧霄，
牵牛织女渡河桥。
家家乞巧望秋月，
穿尽红丝几万条。

——唐·林杰《乞巧》

本设色　北京故宫博物院藏

中秋

中秋节在每年的八月十五日，因恰值三秋正中而得名，又称月夕、拜月节或团圆节。中秋节最早兴起于唐朝，因其所处时令的特别、意象的独特与浪漫的氛围，渐渐成为中国人最为重视的节日之一，至今在中国仍然有着巨大的影响力。中秋之夜，圆月当空，人们将这圆月视作合家团圆的象征，因此赏月、玩月与拜月是中秋节最为流行的活动，当中寄托着中国人对亲情的眷恋和对团圆的渴望。此外，吃月饼、赏桂花等，也是这个节日中的重要习俗。

重阳

重阳节在每年的九月九日，《易经》中把“九”定为阳数，所以“九九”便被称作重阳。九在中国数字中被视作吉祥的数字，所以九九重阳又被认为是吉祥的日子。唐朝时，重阳节被定为正式节日，列入“三令节”。这一天，从朝堂到民间，都会有各式各样的庆祝活动。登高是重阳节最重要的风俗，这天，秋高气爽，人们纷纷登临高处，观赏秋日风光。此外，还有赏菊花、喝菊花酒、插茱萸、宴饮敬老等诸多风俗。

独在异乡为异客，
每逢佳节倍思亲。
遥知兄弟登高处，
遍插茱萸少一人。
——唐·王维《九月九日忆山东兄弟》

◎ 露天酒肆图　唐代　莫高窟第 360 窟

除夕

除夕是元日的前夜，是岁末的最后一夜，也是人们在旧年中最后的欢宴。除夕是辞旧迎新之夜，也是合家团圆、围炉叙话的日子，象征着崭新的希望，充满了浓浓的温情。除夕有合家守岁、张贴年红、燃放爆竹、发压岁钱等风俗，许多习俗流传千年，经久不衰。唐朝时，人们都非常重视这个辞旧迎新的节日，朝堂之中，皇帝会设宴款待群臣，上下同乐，欢饮达旦。平民百姓家也会在这一夜彻夜明灯，合家老小相守在一起，一边聊家常，一边吃年夜饭，辞别旧日，喜迎新年。

◎ 宴饮俗舞图　五代　莫高窟第 98 窟

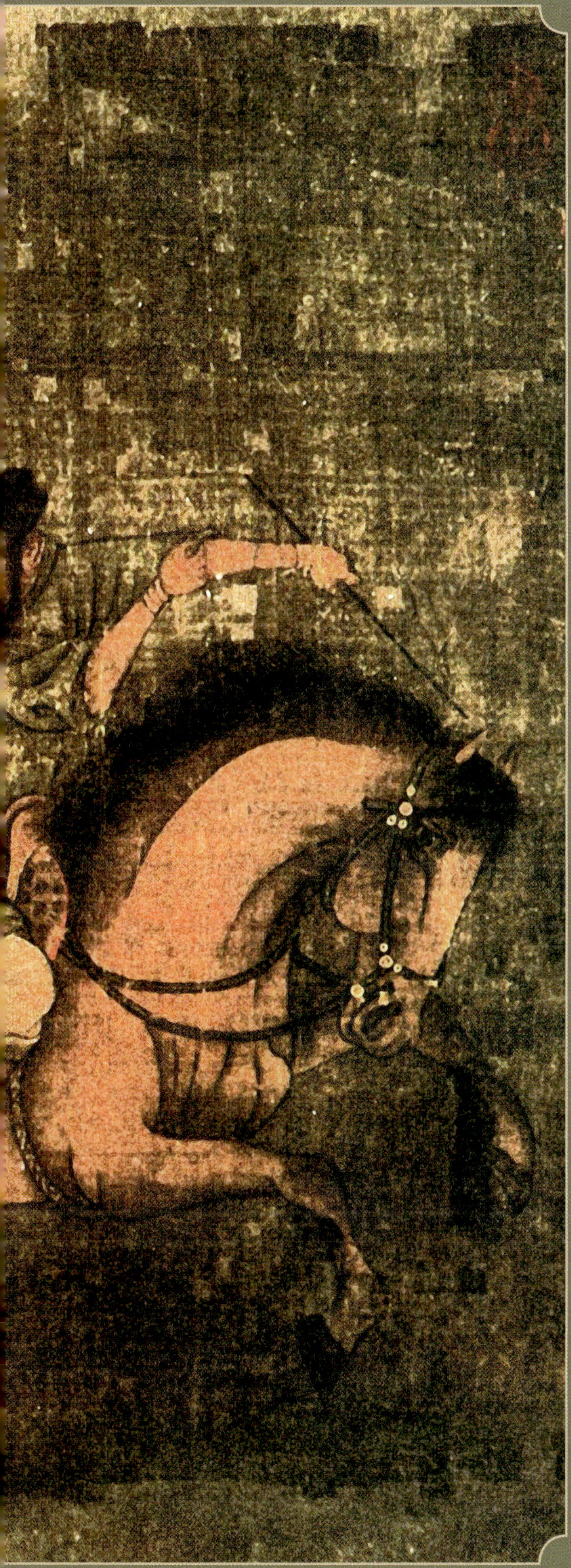

长安起居

卜居

游宦京都二十春，
贫中无处可安贫。
长羡蜗牛犹有舍，
不如硕鼠解藏身。
且求容立锥头地，
免似漂流木偶人。
但道吾庐心便足，
敢辞湫隘与嚣尘。

——唐·白居易

“长安居”

“长安居，大不易”，这是著名诗人白居易流传很广的一则逸事，说的是他初入长安时，顾况曾告诉他说，长安的生活成本高昂，想要居住下来，大为不易。这是实情，在唐长安城中，不仅各项生活指标高，房价更是高得离谱，甚至连当时的不少宰相，在长安都没有自己的房子住。除了少数出身大族、在长安拥有祖产的士族学子、官员外，大多数“长安漂”都只能赁房居住，在旅馆酒店居住，或者为官之后住在朝廷分配的官舍之中。如果最终实在买不起房子，也有变通之法，当时的很多官员就在长安远郊，甚至邻近州县买房子，比如唐朝的名相姚崇，就在长安城中租了个旅馆房间方便平日上班起居，而将家安在城郊的偏远地带。

◎ 五王醉归图卷　元代　任仁发

唐人的节假日

唐朝以前，各个朝代对公务人员休假的安排都不是很成体系，而到了唐代，朝廷对参与社会公共事务的人们的节假日有着明确的安排，唐朝时的公务人员和相关服役人员也开始享受真正的假期。唐朝官方对于假期的规定，包含了婚丧嫁娶、出行祭祀等诸多方面。我们现在能从当时的一些典籍中大致窥见当时节假日的概况：元日、冬至时，给假七日，寒食连清明共给假四日，夏至及腊日给假三日，人日、晦日、春社日、秋社日、立春、立夏、立秋、立冬、春分、秋分、夏至、冬至等日都给假一日，七夕、端午等节日也都有假期。此外，还有官府人员十日一次的旬假、依据农时的田假、依据气候的授衣假，等等。

乐舞百戏

在唐人的生活中，有着十分丰富的娱乐活动。欣赏乐舞、观看百戏就是其中很重要的一部分。唐朝的舞蹈种类十分丰富，有刚劲健朗的剑舞，也有柔美的腰舞，还有从域外传来的胡旋舞等。各种各样的乐舞，丰富着唐人的娱乐生活，也陶冶着他们的艺术情致。宫廷之中、贵族府邸里的轻歌曼舞自不必说，就连民间的一些场合，比如庙会、开市之时，

◎ 张议潮出行图之乐舞　唐代　莫高窟第 156 窟

◎ 乐舞图　唐代　苏思勖墓壁画

◎ 乐舞图

也常能见到一些精彩绝伦的歌舞表演，引得围观民众纷至沓来。百戏是戏曲、杂技等表演的统称，在唐代也受到欢迎，当时还特别流行一种叫作参军戏的戏曲形式，一般是双人表演，一艺人扮成“参军”，另一艺人从旁戏弄，称为“苍鹘”，做种种滑稽对话和表演，后来这种形式发展为多人演出。

蹴鞠

蹴鞠是中国古代的球类运动，看起来和现在的足球运动相似，实际上却不同，蹴鞠不光强调力量和对抗，也比拼花样和技巧，男女老少都可以参与。蹴鞠起源于战国时期，到了唐朝，已经发展成最受人们欢迎的游戏。当时，不只民间，就连宫廷内苑中，也出现了“球不离足，足不离球”的场面。唐人改良了球的质地，使它变得更加轻盈而有弹性，当时还出现了专业的蹴鞠女艺人。

高窟第 445 窟

马球

马球也叫“击鞠”“击球”，和蹴鞠不同，马球的参与者不用近身对抗，而是骑在马上用长柄手杖击球。这样的游戏方式具有一定的危险性，必然要求参与者具备高超的骑马技术，以免从马背上摔下，或是被奔跑的马匹撞伤踩伤。但马球的引人入胜之处正在于它的紧张激烈。马球是唐代贵族们十分热衷的游戏，唐代的 19 位皇帝中，有 11 位都喜爱马球。在当时，马球还被作为训练骑兵与对外交流的手段。

◎ 马球图　唐代　章怀太子墓墓道西壁　陕西历史博物馆藏

◎ 春院斗鸡图 五代 周文矩

拔河

拔河也是唐人热衷的游戏之一。它发源于春秋时期，最早被作为一种作战时的战术。当时的人们用铁钩与绳索来钩住敌方的船只，防止敌人逃脱。后来这种战术发展到陆地上，又渐渐流入民间，成为游戏。“拔河”一词最早就是出现于唐代，人们用麻绳代替了绳索，又在麻绳正中间插旗作为标记，同时又在旗杆两头的地面上各画一条线作为界限，这两条线被称为“河界”，因此这项游戏便得名为“拔河”。拔河在唐代深受人们欢迎，而且古代参与拔河的人数要远比现代多很多。唐代史料中曾生动记述了唐玄宗组织的一次大规模的拔河，参加这次拔河的居然有 1000 多人。尤其在元宵、清明等传统节日中，拔河更是万众瞩目的大型活动。锣鼓喧天的拔河竞技，为人们增添了许多生活的乐趣。

斗鸡

斗鸡是古代斗禽游戏中最常见的一种。当两只雄性斗鸡相遇时，会为了争抢食物或配偶而大打出手，如果不加阻止，常常会战斗到最后一刻。斗鸡游戏来源久远，《左传》中就记载了春秋战国时的斗鸡故事。唐代是斗鸡游戏特别盛行的时代，诗人李白曾在诗中写道：“路逢斗鸡者，冠盖何辉赫。鼻息干虹霓，行人皆怵惕。”说的正是面对街道上神气的斗鸡，行人虽纷纷侧目，却也习以为常，足见当时斗鸡的流行。

秋千

从古到今，秋千一直是人们爱玩的游戏。秋千的名称有很多，比如“荡秋”“磨秋”等，因为荡秋千一直是清明节的传统习俗，所以人们也将清明称作“秋千节”。早在两千年前的汉朝时期，荡秋千就已经是非常流行的游戏了。古人还用秋千来象征“千秋”，即漫长的时间，于是，便有人用秋千来祈祷长寿，从此秋千便流行了起来。唐朝人也极爱秋千，唐玄宗称荡秋千为“半仙之戏”，认为神仙就居住在高空，而秋千能将人们送到半空中去，所以荡秋千的人当然就是半仙了。

秋千词

长长丝绳紫复碧，袅袅横枝高百尺。
少年儿女重秋千，盘巾结带分两边。
身轻裙薄易生力，双手向空如鸟翼。
下来立定重系衣，复畏斜风高不得。
傍人送上那足贵，终赌鸣珰斗自起。
回回若与高树齐，头上宝钗从堕地。

——唐·王健

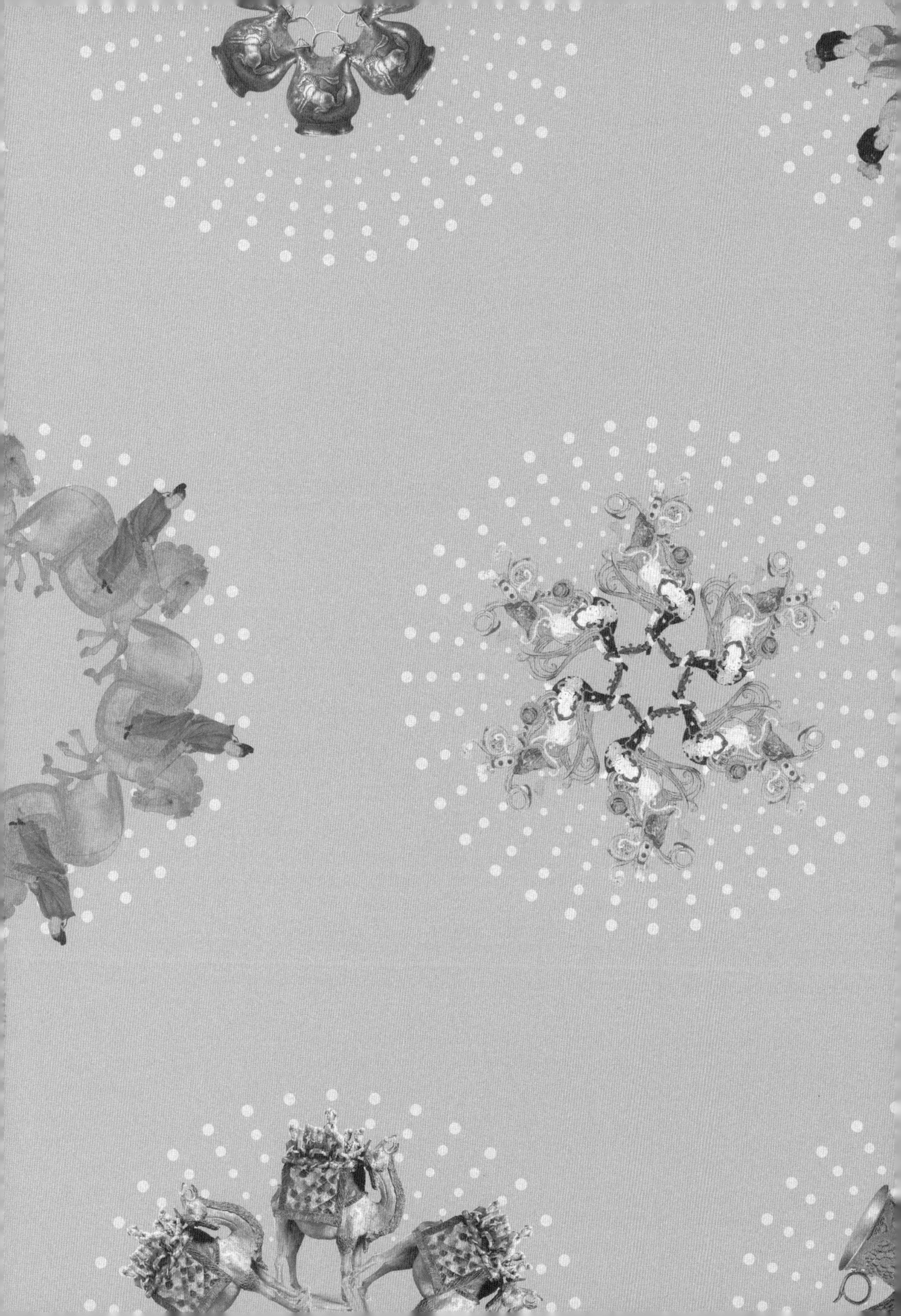